EDINBURGH

Contents

Key to map symbols	1
Key to map pages	2-3
City centre map	4-5
Map pages	6-69
Index to street names	70-102

HarperCollins*Publishers*

Published by Collins
An imprint of HarperCollins*Publishers*
77-85 Fulham Palace Road, Hammersmith, London W6 8JB

The HarperCollins website address is:
www.**fire**and**water**.com

Copyright © HarperCollins*Publishers* Ltd 2002
Mapping © Bartholomew Ltd 2002

Collins® is a registered trademark of HarperCollins*Publishers* Limited

Mapping generated from Bartholomew digital databases

Bartholomew website address is:
www.bartholomewmaps.com

This product uses map data licensed from Ordnance Survey® with the permission of the Controller of Her Majesty's Stationery Office.
© Crown copyright. Licence Number 399302

All rights reserved. No part of this publication may be reproduced, stored in a retrieval system, or transmitted, in any form or by any means, electronic, mechanical, photocopying, recording or otherwise, without the prior written permission of the publisher and copyright owners.

The contents of this publication are believed correct at the time of printing. Nevertheless, the publisher can accept no responsibility for errors or omissions, changes in the detail given, or for any expense or loss thereby caused.

The representation of a road, track or footpath is no evidence of a right of way.

Printed in Hong Kong

ISBN 0 00 712 779 0 Imp 001   OI 11015   CDDC

e-mail: roadcheck@harpercollins.co.uk

Key to map symbols

M8	Motorway	→ Toll	One-way street / Toll
A720	A Road dual / single		Restricted access / Pedestrian street
B701	B Road dual / single		Minor road / Track
	Other road dual / single	FB	Footpath / Cycle path / Footbridge
	Road under construction	EDINBURGH	Unitary authority boundary
	Railway line	X	Level crossing
	Railway station		Bus / Coach station
	Railway tunnel	P	Car Park
	Notable building		Major religious building
	Health centre	+ ☪ ✡	Church / Mosque / Synagogue
Pol	Police station	📽 🎭	Cinema / Theatre
PO	Post Office		
Lib	Library	✕ Hilton	Major Hotel
	Fire station / Ambulance station / Community centre	*i* *i*	Tourist information centre (all year/seasonal)
	Wood / Forest	⚑	Golf course
	Park / Garden / Recreation ground	✝✝✝	Cemetery
315	National Grid reference	**15**	Page continuation number

SCALE

0   1/4   1/2   3/4   1 mile
0   0.25   0.5   0.75   1   1.25   1.5 kilometres

1 : 16,000 (approx.) 4 inches to 1 mile / 6.3 cm to 1 km

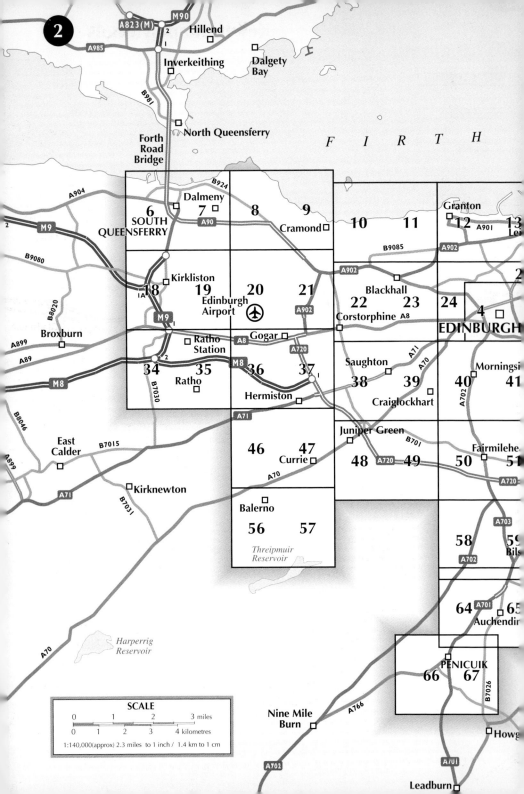

Key to map pages   3

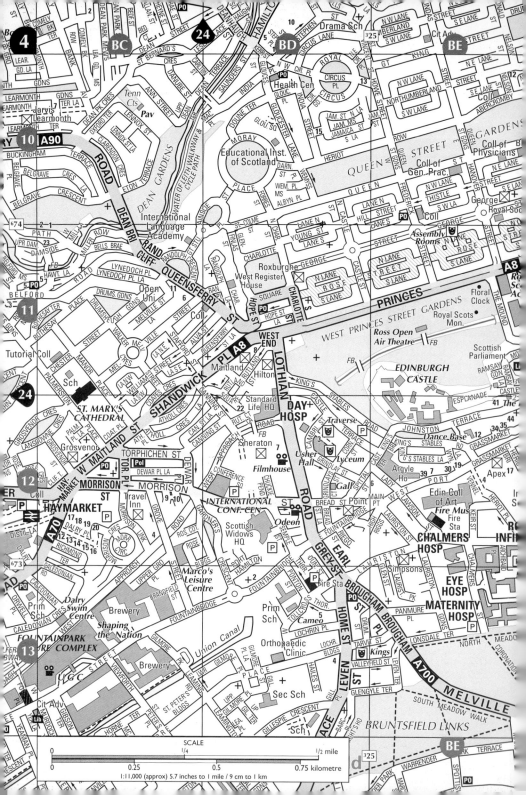

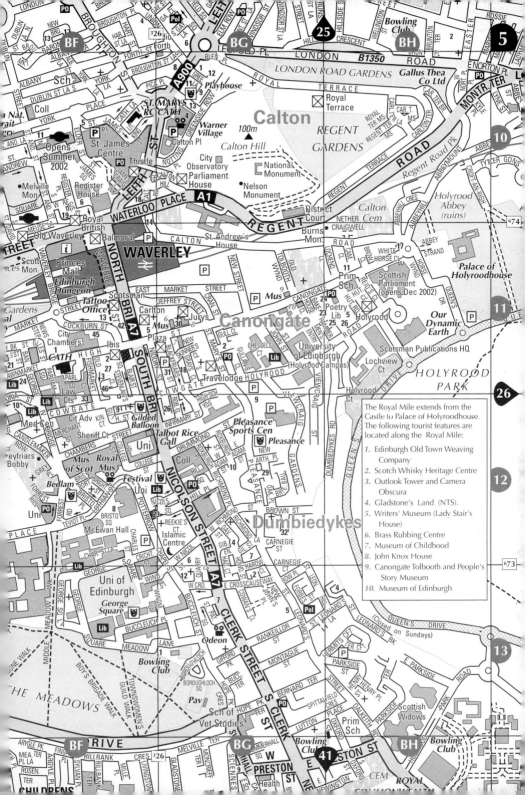

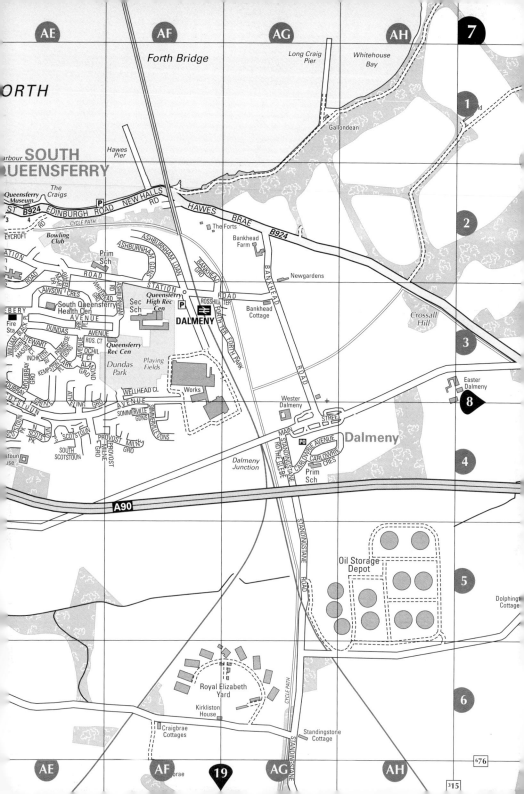

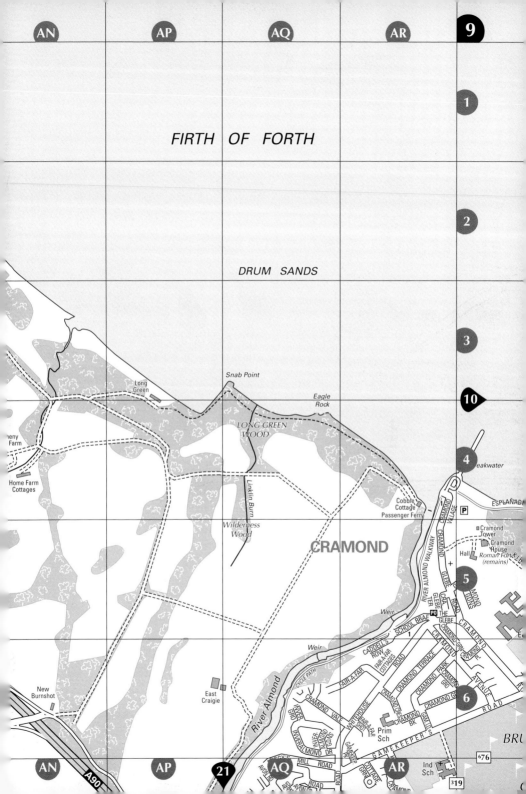

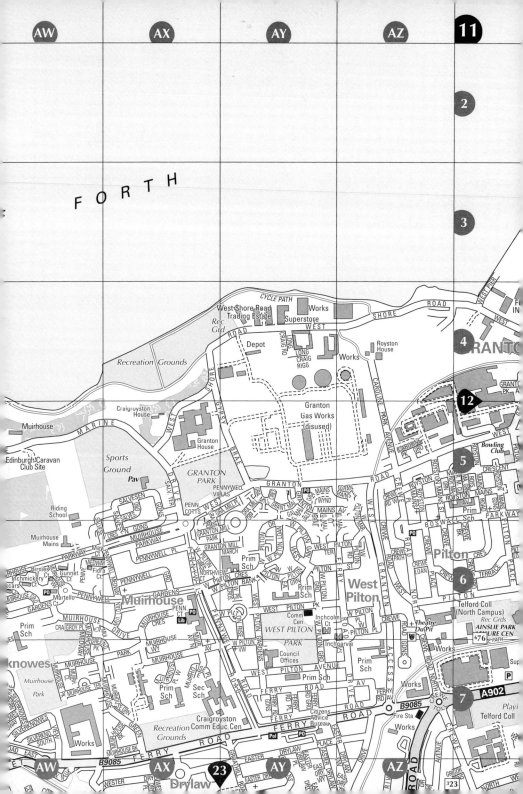

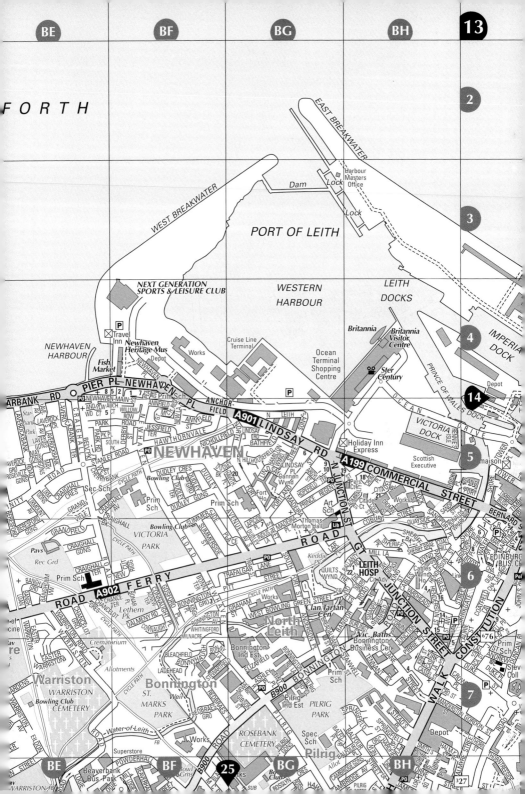

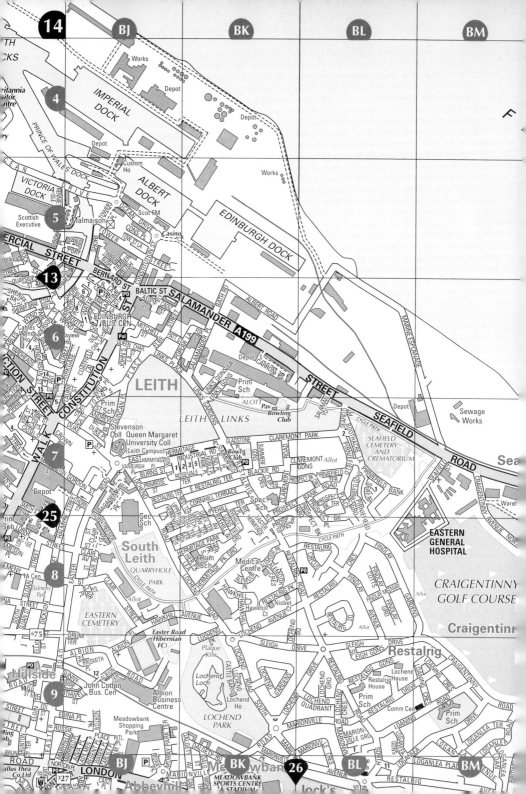

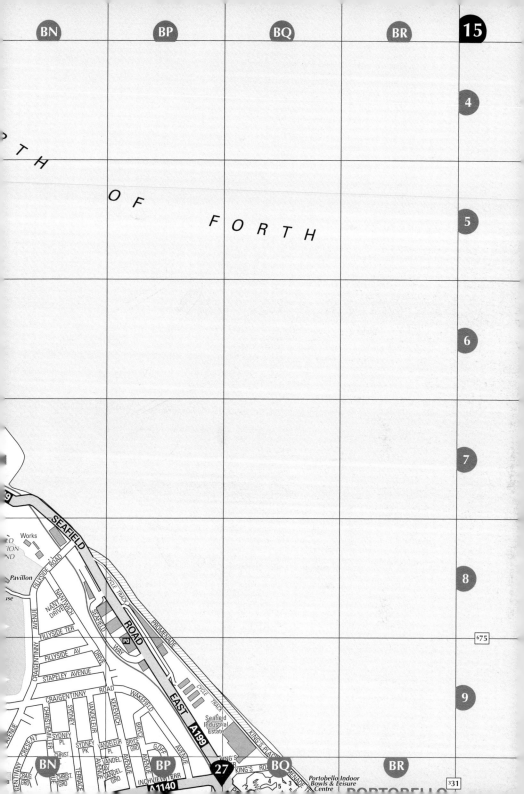

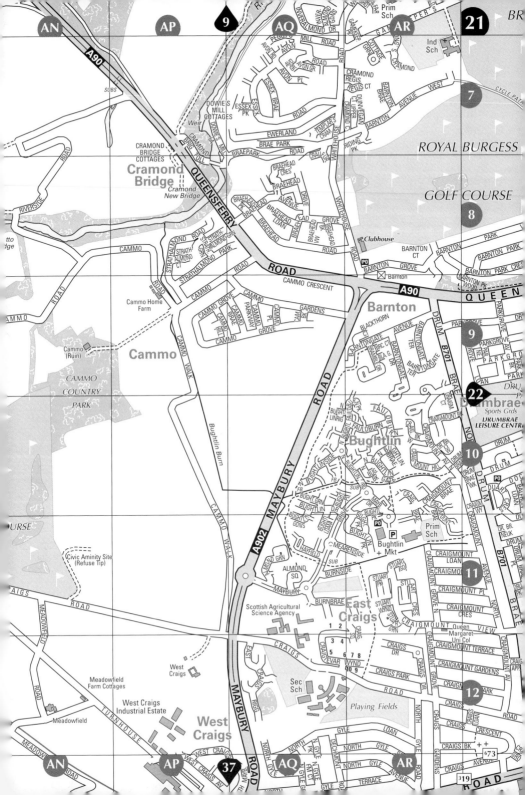

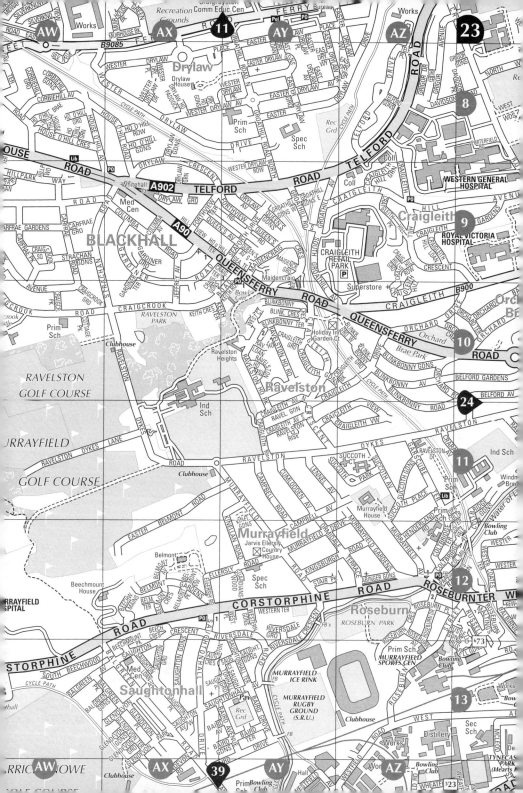

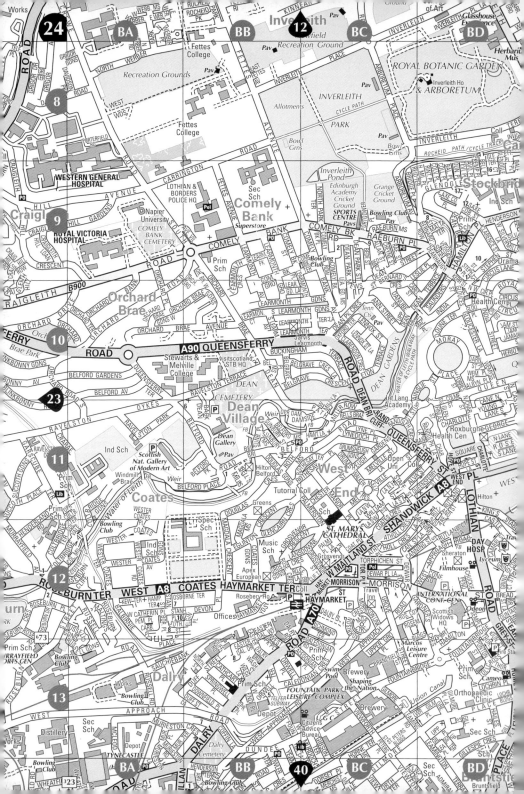

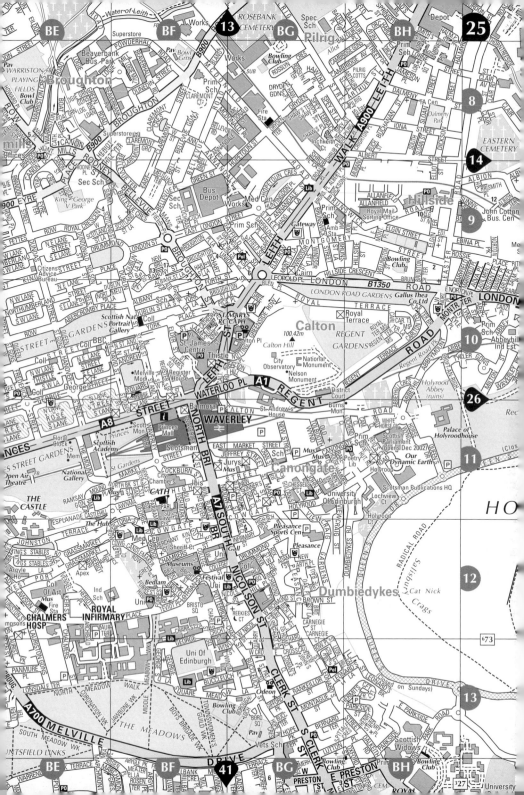

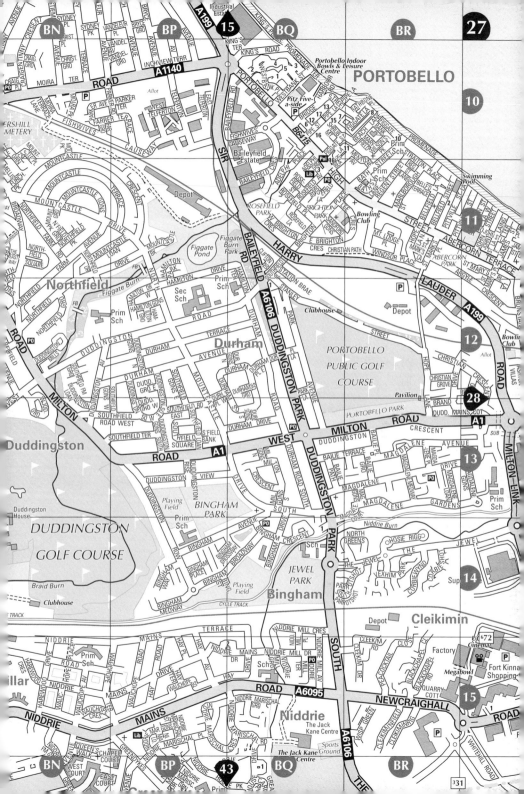

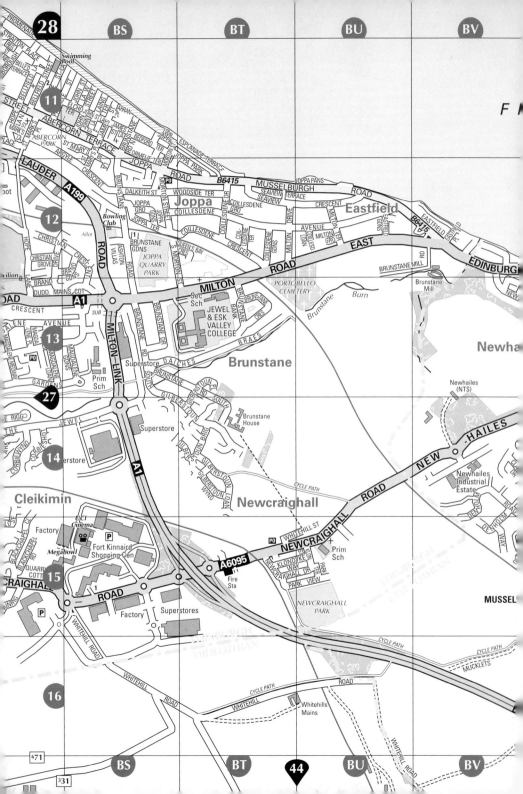

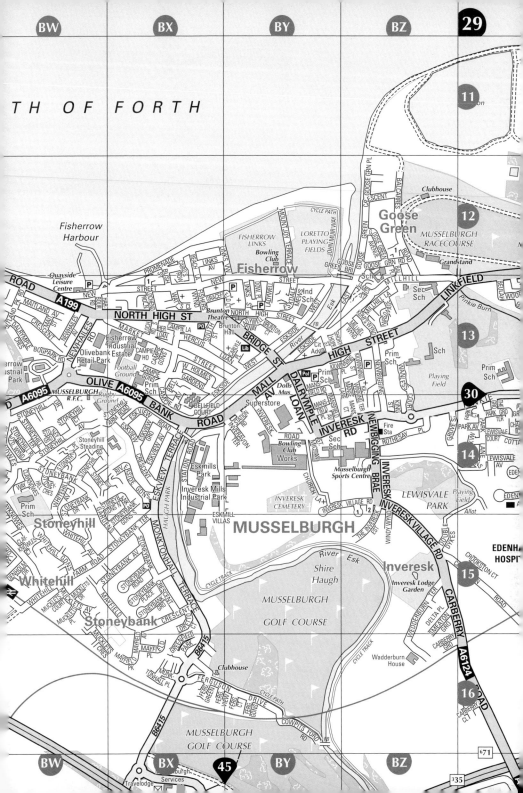

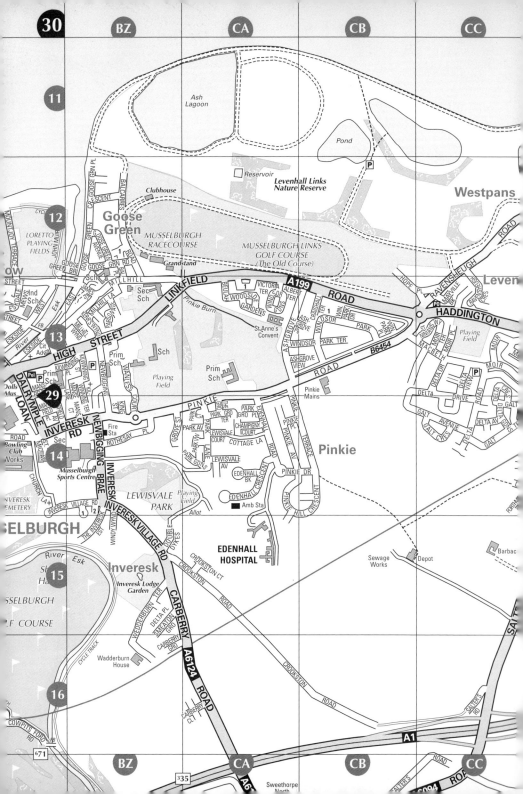

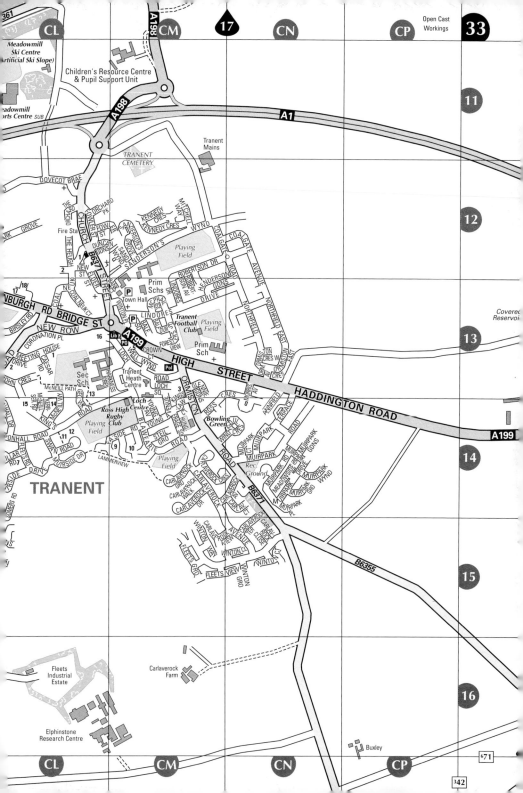

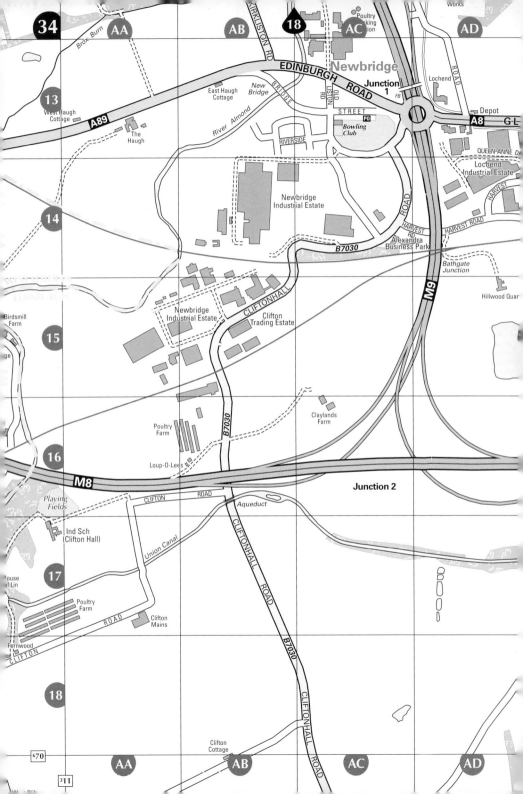

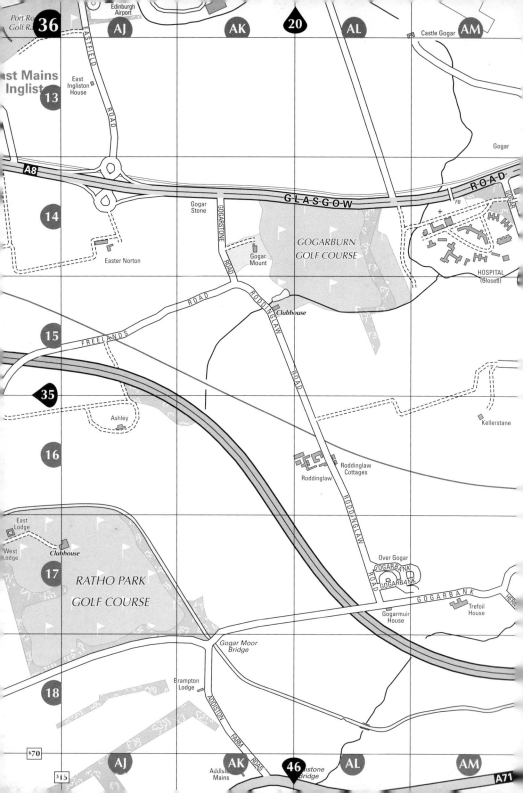

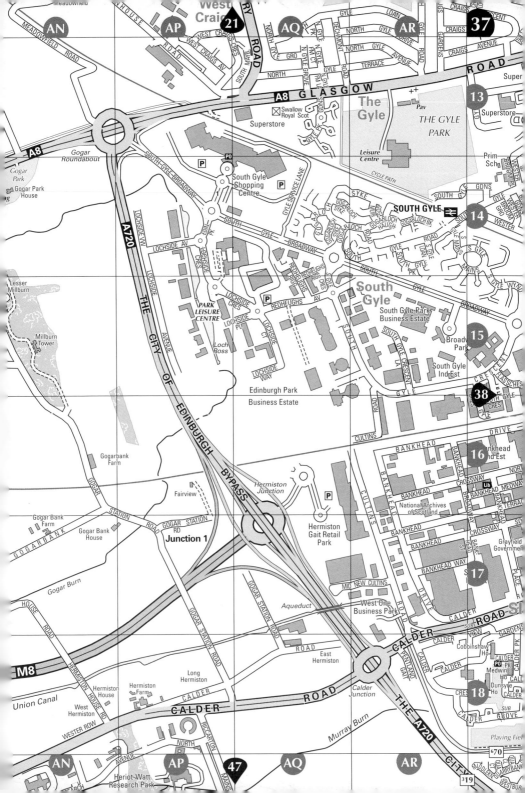

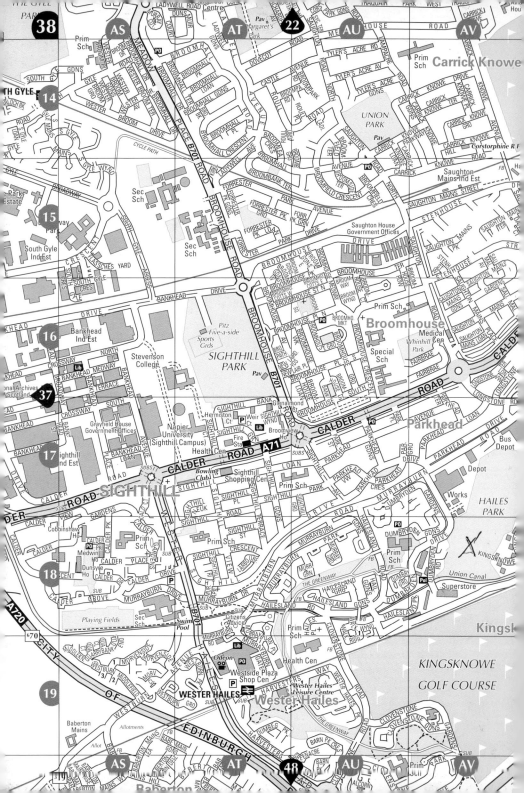

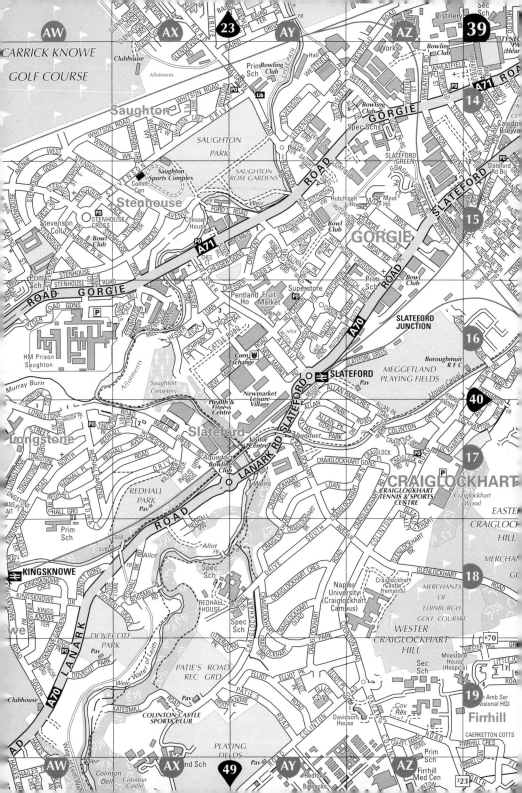

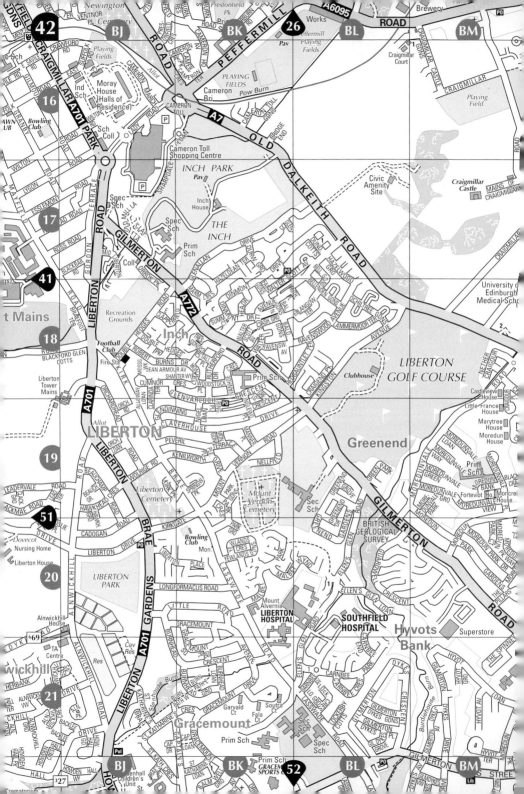

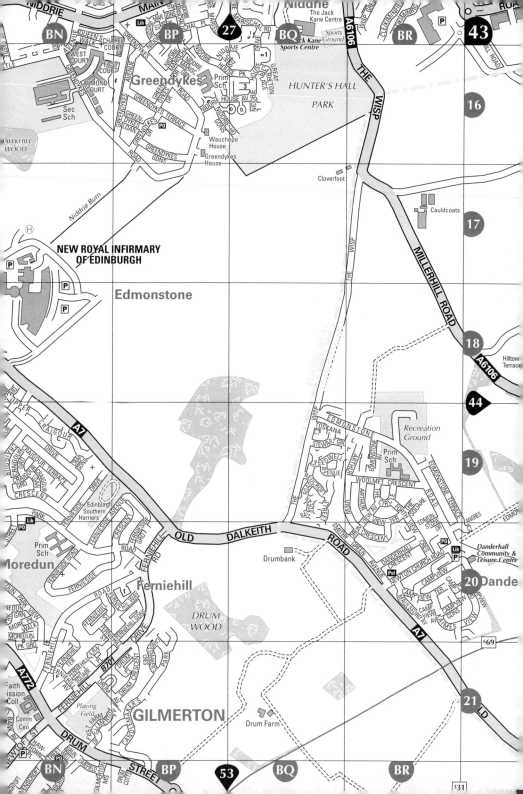

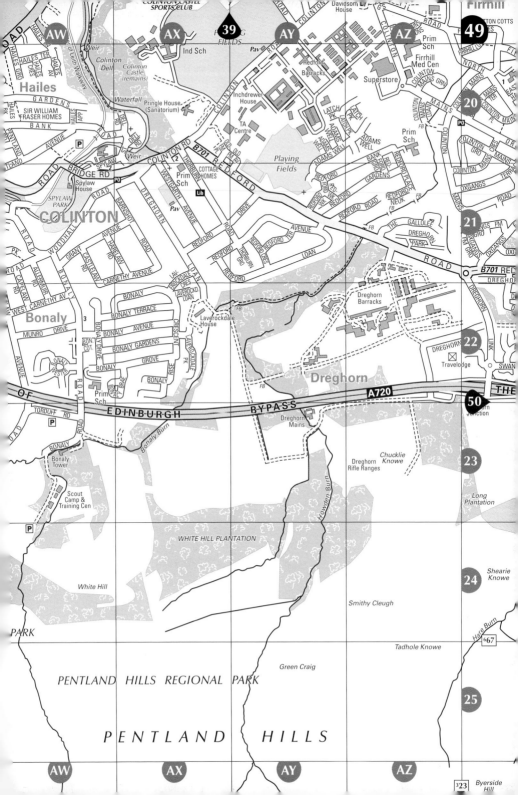

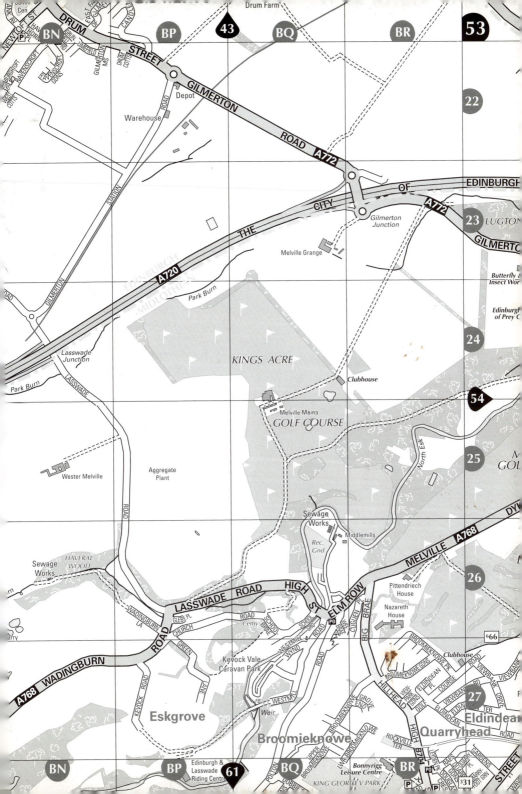

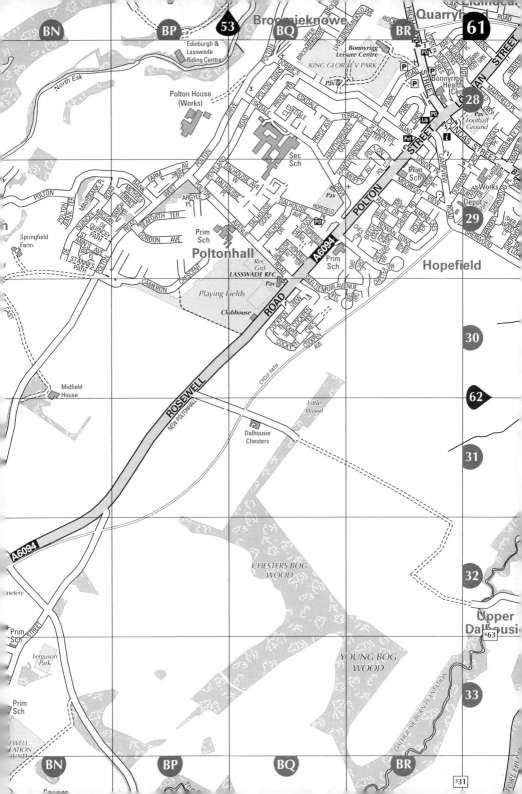

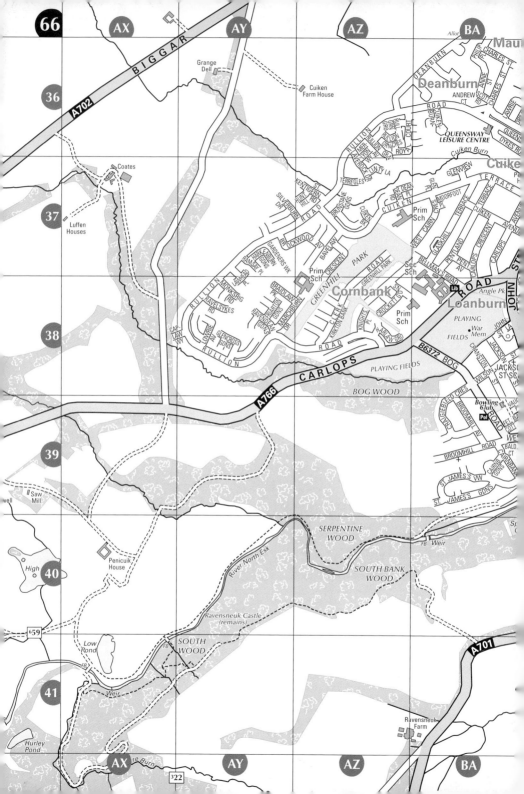

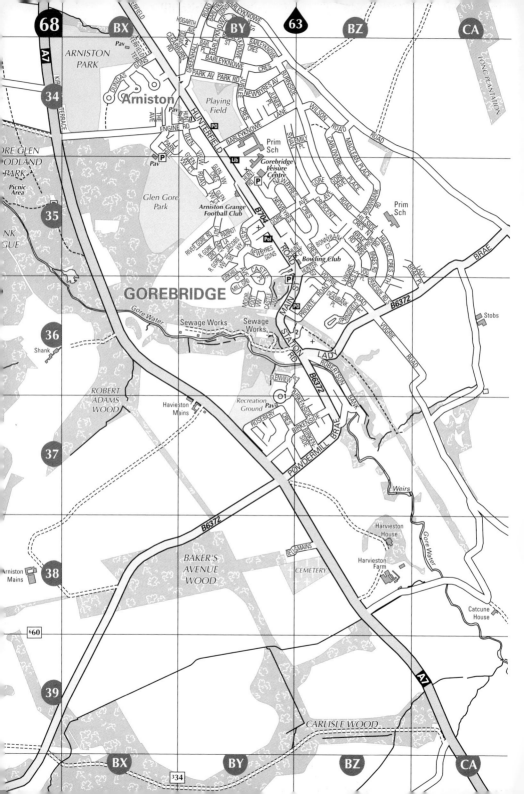

Index to street names

General Abbreviations

Arc	Arcade	Gdns	Gardens	Rd	Road
Av/Ave	Avenue	Gra	Grange	Ri	Rise
Bk	Bank	Grds	Grounds	S	South
Bldgs	Buildings	Grn	Green	Sch	School
Boul	Boulevard	Gro	Grove	Sq	Square
Br/Bri	Bridge	Ho	House	St.	Saint
Bus	Business	Hosp	Hospital	St	Street
Cen	Central, Centre	Hts	Heights	Sta	Station
Cft	Croft	Ind	Industrial	Ter	Terrace
Ch	Church	Junct	Junction	Trd	Trading
Circ	Circus	La	Lane	Twr	Tower
Cl/Clo	Close	Ln	Loan	Twrs	Towers
Cor	Corner	Lo	Lodge	Vil / Vill	Villa
Cotts	Cottages	Mans	Mansions	Vills	Villas
Cres	Crescent	Ms	Mews	Vw	View
Ct	Court	Mt	Mount	W	West
Cts	Courts	N	North	Wd	Wood
Dr	Drive	Par	Parade	Wds	Woods
E	East	Pas	Passage	Wf	Wharf
Est	Estate	Pk	Park	Wk	Walk
Ex	Exchange	Pl	Place	Wks	Works
Fm	Farm	Quad	Quadrant		

Post town abbreviations

Bal.	Balerno	Lass.	Lasswade	Ros.	Roslin
Bonny.	Bonnyrigg	Lnhd	Loanhead	Rose.	Rosewell
Dalk.	Dalkeith	Muss.	Musselburgh	S Q'fry	South Queensferry
Gore.	Gorebridge	Newbr.	Newbridge		
Jun. Grn	Juniper Green	Pen.	Penicuik	Tran.	Tranent
K'lis.	Kirkliston	Pres.	Prestonpans		

District abbreviations

Auch.	Auchendinny	Gilm.	Gilmerton	Polt.	Polton
Bils.	Bilston	Gowks.	Gowkshill	Port S.	Port Seton
Cock.	Cockenzie	Ingls.	Ingliston	Ratho Sta	Ratho Station
Craig.	Craigiehall	Inv.	Inveresk	Ricc.	Riccarton
Cram.	Cramond	Mayf.	Mayfield	Silv.	Silverburn
Dalm.	Dalmeny	Milt.Br	Milton Bridge	Strait.	Straiton
Dand.	Danderhall	Monk.	Monktonhall	Wall.	Wallyford
David.M.	Davidsons Mains	Newcr.	Newcraighall	White.	Whitecraig
Easth.	Easthouses	Newt.	Newtongrange	Wool.	Woolmet

There are street names in the index which are followed by a number in **bold**. These numbers can be found on the map where there is insufficient space to show the street name in full.
For example the location of   Affleck Ct **1** *EH12*   21 AQ11   will be found by a number 1 in the square AQ11 on page 21.

A

			Abercorn Ter *EH15*	27	BR11	Ainslie Pl *EH3*	4	BC10
			Abercromby Pl *EH3*	4	BE10	Aird's Cl *EH1*	4	BE12
Abbey La *EH8*	26	BJ10	Abinger Gdns *EH12*	23	AZ12	Airlie Pl *EH3*	25	BE9
Abbey Rd, Dalk. *EH22*	54	BV25	Academy La, Lnhd *EH20*	52	BL27	Aitchison's Pl **11** *EH15*	27	BQ10
Abbey Strand *EH8*	5	BH11	Academy Pk *EH6*	14	BJ7	Aitkenhill *EH11*	39	AX15
Abbey St *EH7*	26	BJ10	Academy St *EH6*	14	BJ7	Alan Breck Gdns *EH4*	22	AT10
Abbeygrange (Newt.), Dalk. *EH22*	63	BW29	Acheson Dr, Pres. *EH32*	32	CG11	Albany La *EH1*	5	BF10
			Acklam Path, Lnhd *EH20*	59	BH28	Albany St *EH1*	5	BF10
Abbeyhill *EH8*	5	BH11	Adams Well *EH13*	49	AZ20	Albany St La *EH1*	5	BF10
Abbeyhill Cres *EH8*	5	BH11	Addiston Cres, Bal. *EH14*	46	AL24	Albert Cl **2** (Wall.), Muss. *EH21*	31	CD14
Abbeyhill Ind Est *EH8*	26	BJ10	Addiston Fm Rd (Ratho), Newbr. *EH28*	36	AK18	Albert Cres (Wall.), Muss. *EH21*	31	CD14
Abbeymount *EH8*	5	BH10	Addiston Gro, Bal. *EH14*	46	AL24			
Abbotsford Ct *EH10*	40	BC15	Addiston Pk, Bal. *EH14*	46	AK24	Albert Dock *EH6*	14	BJ5
Abbotsford Cres *EH10*	40	BC15	Adelphi Gro *EH15*	27	BQ11	Albert Pl *EH7*	25	BG9
Abbotsford Pk *EH10*	40	BC15	Adelphi Pl *EH15*	27	BQ11	Albert Pl (Wall.), Muss. *EH21*	31	CD14
Abercorn Av *EH8*	26	BM11	Admiral Ter *EH10*	40	BD14			
Abercorn Cotts *EH15*	26	BM13	Admiralty St *EH6*	13	BH5	Albert Rd *EH6*	14	BK6
Abercorn Ct **2** *EH8*	26	BM12	Advocates Cl **1** *EH1*	5	BF11	Albert St *EH7*	25	BH8
Abercorn Cres *EH8*	26	BL11	Affleck Ct **1** *EH12*	21	AQ11	Albert Ter *EH10*	40	BC15
Abercorn Dr *EH8*	26	BL11	Afton Pl *EH5*	12	BC6	Albert Ter, Muss. *EH21*	30	CA13
Abercorn Gdns *EH8*	26	BM10	Afton Ter *EH5*	12	BC6	Albion Business Cen *EH7*	14	BJ9
Abercorn Gro *EH8*	26	BL11	Agnew Ter *EH6*	13	BF6	Albion Pl *EH7*	14	BJ9
Abercorn Rd *EH8*	26	BL11						

Name	Page	Grid
Albion Rd *EH7*	14	BJ9
Albion Ter *EH7*	14	BJ9
Albyn Pl *EH2*	4	BD10
Alcorn Rigg **1** *EH14*	48	AU20
Alcorn Sq *EH14*	48	AU20
Alder Rd (Port S.), Pres. *EH32*	17	CM8
Alderbank, Pen. *EH26*	66	BA39
Alderbank Gdns *EH11*	40	BA15
Alderbank Pl *EH11*	40	BA15
Alderbank Ter *EH11*	40	BA15
Alemoor Cres *EH7*	14	BK8
Alemoor Pk *EH7*	14	BK8
Alexander Dr *EH11*	39	AZ14
Alexander Dr, Pres. *EH32*	32	CG11
Alfred Pl *EH9*	41	BH14
Allan Pk, K'lis. *EH29*	18	AC9
Allan Pk Cres *EH14*	39	AY16
Allan Pk Dr *EH14*	39	AY17
Allan Pk Gdns *EH14*	39	AY17
Allan Pk Ln *EH14*	39	AZ17
Allan Pk Rd *EH14*	39	AY17
Allan St *EH4*	24	BC9
Allan Ter, Dalk. *EH22*	55	BX24
Allanfield *EH7*	25	BH9
Allermuir Av (Bils.), Ros. *EH25*	59	BG30
Allermuir Ct *EH13*	50	BB20
Allermuir Rd *EH13*	49	AW21
Allison Pl, K'lis. *EH29*	18	AD9
Alloway Ln *EH16*	42	BJ19
Almond Av *EH12*	19	AH12
Almond Bk Cotts **1** *EH4*	9	AR5
Almond Ct *EH16*	43	BN16
Almond Cres, Bonny. *EH19*	61	BR29
Almond Dr *EH12*	19	AH12
Almond Grn *EH12*	21	AQ11
Almond Gro, S Q'fry *EH30*	7	AE3
Almond Rd *EH12*	19	AH12
Almond Sq *EH12*	21	AQ11
Almondbank Ter *EH11*	40	BA15
Almondhill Rd, K'lis. *EH29*	18	AD9
Almondhill Steadings, K'lis. *EH29*	18	AD8
Almondside, K'lis. *EH29*	18	AD10
Alnwickhill Ct *EH16*	51	BH21
Alnwickhill Cres *EH16*	51	BH21
Alnwickhill Dr *EH16*	51	BH21
Alnwickhill Gdns *EH16*	51	BH21
Alnwickhill Gro *EH16*	51	BH21
Alnwickhill Ln *EH16*	51	BH21
Alnwickhill Pk *EH16*	42	BJ21
Alnwickhill Rd *EH16*	42	BJ20
Alnwickhill Ter *EH16*	51	BH21
Alnwickhill Vw *EH16*	51	BH21
Alva Pl *EH7*	26	BJ10
Alva St *EH2*	4	BC11
Alvanley Ter **1** *EH9*	40	BD14
Amos Path, Lnhd *EH20*	59	BG28
Anchor Cl **45** *EH1*	5	BF11
Anchorfield *EH6*	13	BF5
Ancrum Bk, Dalk. *EH22*	54	BV26
Ancrum Rd, Dalk. *EH22*	54	BV26
Anderson Av (Newt.), Dalk. *EH22*	63	BX29
Anderson Pl *EH6*	13	BG6
Andrew Ct, Pen. *EH26*	66	BA36
Andrew Dodd's Av (Mayf.), Dalk. *EH22*	55	BZ28
Andrew Wd Ct *EH6*	13	BE5
Angle Pk Ter *EH11*	40	BB14
Angres Ct (Dand.), Dalk. *EH22*	44	BS19
Ann St *EH4*	4	BC10
Annandale St *EH7*	25	BF8
Annandale St La *EH7*	25	BG9
Anne St, Pen. *EH26*	66	BA36
Annfield *EH6*	13	BF5
Annfield, Tran. *EH33*	33	CN14
Annfield St *EH6*	13	BF5
Antigua St **6** *EH1*	25	BG9
Appin Ter *EH14*	39	AZ15
Arboretum Av *EH4*	24	BC9
Arboretum Pl *EH3*	24	BC8
Arboretum Rd *EH3*	12	BC7
Arbuthnot Rd, Lnhd *EH20*	60	BL28
Archibald Pl *EH3*	4	BE12
Arden St *EH9*	41	BE14
Ardmillan Pl *EH11*	40	BB14
Ardmillan Ter *EH11*	40	BA14
Ardmillan Ter La **1** *EH11*	40	BB14
Ardshiel Av *EH4*	22	AT11
Argyle Cres *EH15*	27	BR11
Argyle Pk Ter *EH9*	41	BF14
Argyle Pl *EH9*	41	BF14
Argyle Pl, Bonny. *EH19*	61	BP29
Argyle St *EH6*	13	BG5
Argyll Ter **14** *EH11*	4	BC12
Armine Pl, Pen. *EH26*	67	BD36
Arniston Pl **5**, Bonny. *EH19*	61	BR28
Arnott Gdns *EH14*	39	AW18
Arnprior Rd, Gore. *EH23*	68	BZ35
Arran Pl *EH15*	28	BS11
Arras Gro, Pen. *EH26*	64	BC35
Arrol Pl, S Q'fry *EH30*	7	AE3
Arthur St *EH6*	25	BH8
Arthur St La *EH6*	25	BH8
Arthur Vw Cres (Dand.), Dalk. *EH22*	43	BR19
Arthur Vw Ter (Dand.), Dalk. *EH22*	43	BR19
Ash Gro (Mayf.), Dalk. *EH22*	69	CA28
Ash La, Lnhd *EH20*	59	BG28
Ashburnham Gdns, S Q'fry *EH30*	7	AF2
Ashburnham Ln, S Q'fry *EH30*	7	AF2
Ashburnham Rd, S Q'fry *EH30*	7	AF3
Ashgrove, Muss. *EH21*	30	CA13
Ashgrove Pl, Muss. *EH21*	30	CB13
Ashgrove Vw, Muss. *EH21*	30	CB13
Ashley Dr *EH11*	40	BA16
Ashley Gdns *EH11*	40	BA16
Ashley Gro *EH11*	40	BA15
Ashley Pl *EH6*	13	BG7
Ashley Ter *EH11*	40	BA15
Ashton Gro *EH16*	42	BK18
Ashton Vil *EH15*	28	BS12
Ashville Ter *EH6*	14	BK8
Ashy Path **8** *EH10*	40	BB19
Assembly St *EH6*	14	BJ6
Assynt Bk, Pen. *EH26*	67	BC37
Atheling Gro, S Q'fry *EH30*	7	AE3
Atholl Cres *EH3*	4	BC12
Atholl Cres La *EH3*	4	BC12
Atholl Pl *EH3*	4	BC12
Atholl Ter **15** *EH11*	4	BC12
Attlee Cres (Mayf.), Dalk. *EH22*	69	CA30
Auchingane *EH10*	50	BA22
Auchinleck Ct *EH6*	13	BF5
Auchinleck's Brae **5** *EH6*	13	BF5
Auld Orchard, Bonny. *EH19*	54	BS28
Auldgate, K'lis. *EH29*	18	AD10
Avenue, The (Ricc.), Currie *EH14*	47	AP20
Avenue, The, Gore. *EH23*	68	BX34
Avenue Rd, Dalk. *EH22*	54	BV25
Avenue Rd (Cock.), Pres. *EH32*	17	CL8
Avenue Vil *EH4*	24	BB9
Avon Gro *EH4*	21	AQ7
Avon Gro, Pen. *EH26*	67	BC37
Avon Pl *EH4*	21	AQ7
Avon Rd *EH4*	21	AQ7
Avondale Pl *EH3*	24	BD9
Ayres Wynd **6**, Pres. *EH32*	16	CH10

B

Name	Page	Grid
Baberton Av, Jun. Grn *EH14*	48	AT21
Baberton Cres, Jun. Grn *EH14*	48	AT21
Baberton Ln, Jun. Grn *EH14*	48	AT22
Baberton Mains Av *EH14*	48	AT20
Baberton Mains Bk *EH14*	48	AT20
Baberton Mains Brae *EH14*	48	AS20
Baberton Mains Ct *EH14*	48	AS20
Baberton Mains Cres *EH14*	48	AT20
Baberton Mains Dell *EH14*	48	AS20
Baberton Mains Dr *EH14*	48	AS20
Baberton Mains Gdns *EH14*	38	AS19
Baberton Mains Grn *EH14*	48	AT20
Baberton Mains Gro *EH14*	48	AT20
Baberton Mains Hill *EH14*	38	AS19
Baberton Mains Lea *EH14*	48	AS20
Baberton Mains Ln *EH14*	48	AU20
Baberton Mains Pk *EH14*	48	AT20
Baberton Mains Pl *EH14*	48	AT20
Baberton Mains Ri *EH14*	48	AS20
Baberton Mains Row *EH14*	48	AT20
Baberton Mains Ter *EH14*	48	AT20
Baberton Mains Vw *EH14*	48	AT20
Baberton Mains Way *EH14*	48	AS20
Baberton Mains Wd *EH14*	48	AS20
Baberton Mains Wynd *EH14*	48	AT20
Baberton Pk, Jun. Grn *EH14*	48	AT21
Baberton Rd, Currie *EH14*	47	AR20
Baberton Sq, Jun. Grn *EH14*	48	AT21
Back Dean *EH4*	24	BB11
Back Sta Rd **2** *EH16*	26	BM15
Backdean Rd, Dalk. *EH22*	43	BQ19
Backlee *EH16*	51	BH21
Baileyfield Cres *EH15*	27	BQ11
Baileyfield Rd *EH15*	27	BP10
Bailie Gro *EH15*	27	BR13
Bailie Path *EH15*	27	BQ13
Bailie Pl *EH15*	27	BR13
Bailie Ter *EH15*	27	BQ13
Baird Av *EH12*	23	AY13
Baird Dr *EH12*	39	AY14
Baird Gdns *EH12*	23	AY13
Baird Gro *EH12*	23	AY13
Baird Rd (Ratho), Newbr. *EH28*	35	AF15
Baird Ter *EH12*	23	AY13
Baird's Way, Bonny. *EH19*	62	BT29
Bakehouse Cl *EH8*	5	BG11
Baker's Pl **1** *EH3*	24	BD9
Balbirnie Pl *EH12*	24	BA12
Balcarres Ct *EH10*	40	BC17
Balcarres Pl, Muss. *EH21*	29	BZ12
Balcarres Rd, Muss. *EH21*	29	BZ12
Balcarres St *EH10*	40	BC17
Balderston Gdns *EH16*	42	BK18
Balderston Gdns N *EH16*	42	BK18
Baldwin Ct, Pen. *EH26*	66	BA39
Balfour Pl *EH6*	13	BG7

Name	Page	Grid
Balfour Sq, Tran. *EH33*	33	CM13
Balfour St *EH6*	13	BH7
Balfour Ter, Pen. *EH26*	64	BD34
Balfron Ln *EH4*	22	AS10
Balgreen Av *EH12*	23	AW13
Balgreen Gdns *EH12*	23	AW13
Balgreen Pk *EH12*	23	AW13
Balgreen Rd *EH11*	39	AY15
Balgreen Rd *EH12*	39	AY14
Ballantyne La **1** *EH6*	13	BH6
Ballantyne Rd *EH6*	13	BH6
Balm Well Av *EH16*	52	BK22
Balm Well Gro *EH16*	52	BK22
Balm Well Ter *EH16*	52	BJ22
Balmoral Pl *EH3*	24	BD9
Balmwell Pk **1** *EH16*	52	BK22
Baltic St *EH6*	14	BJ6
Bangholm Av *EH5*	12	BD6
Bangholm Bower Av *EH5*	12	BD6
Bangholm Gro *EH5*	13	BE6
Bangholm Ln *EH5*	13	BE6
Bangholm Pk *EH5*	12	BD6
Bangholm Pl *EH5*	12	BD6
Bangholm Rd *EH5*	12	BD6
Bangholm Ter *EH3*	12	BD7
Bangholm Vw *EH5*	13	BE6
Bangor Rd *EH6*	13	BG6
Bank St *EH1*	5	BF11
Bank St, Pen. *EH26*	66	BA39
Bankhead Av *EH11*	38	AS16
Bankhead Bdy *EH11*	37	AR16
Bankhead Crossway N *EH11*	37	AR16
Bankhead Crossway S *EH11*	37	AR17
Bankhead Dr *EH11*	38	AS16
Bankhead Gro (Dalm.), S Q'fry *EH30*	7	AF2
Bankhead Ind Est *EH11*	38	AS16
Bankhead Ln *EH11*	38	AS17
Bankhead Medway *EH11*	38	AS16
Bankhead Pl *EH11*	38	AS16
Bankhead Rd (Dalm.), S Q'fry *EH30*	7	AG2
Bankhead St *EH11*	38	AS17
Bankhead Ter *EH11*	37	AR17
Bankhead Way *EH11*	37	AR17
Bankmill, Pen. *EH26*	67	BB39
Bankmill Vw **1**, Pen. *EH26*	67	BB39
Bankpark Brae, Tran. *EH33*	32	CK12
Bankpark Cres, Tran. *EH33*	32	CK12
Bankpark Gro, Tran. *EH33*	33	CL12
Bankton Ct, Tran. *EH33*	33	CM13
Bankton Ter, Pres. *EH32*	16	CK10
Barclay Pl *EH10*	4	BD13
Barclay Ter *EH10*	40	BD14
Barley Ct (Easth.), Dalk. *EH22*	55	BZ27
Barleyknowe Cres, Gore. *EH23*	68	BY34
Barleyknowe Gdns, Gore. *EH23*	63	BY33
Barleyknowe La, Gore. *EH23*	68	BY34
Barleyknowe Pl, Gore. *EH23*	68	BY34
Barleyknowe Rd, Gore. *EH23*	63	BY33
Barleyknowe St, Gore. *EH23*	63	BY33
Barleyknowe Ter, Gore. *EH23*	68	BY34
Barn Pk *EH14*	48	AU20
Barn Pk Cres *EH14*	38	AU19
Barnshot Rd *EH13*	49	AX21
Barntalloch Ct **10** *EH12*	21	AR12
Barnton Av *EH4*	10	AU7
Barnton Av W *EH4*	21	AR7
Barnton Brae *EH4*	21	AR7
Barnton Ct *EH4*	21	AR8
Barnton Gdns *EH4*	10	AU7
Barnton Gro *EH4*	21	AR8
Barnton Ln *EH4*	10	AT7
Barnton Pk *EH4*	10	AU7
Barnton Pk Av *EH4*	22	AS8
Barnton Pk Cres *EH4*	22	AS8
Barnton Pk Dell *EH4*	22	AT8
Barnton Pk Dr *EH4*	22	AS8
Barnton Pk Gdns *EH4*	22	AS8
Barnton Pk Gro *EH4*	22	AS8
Barnton Pk Pl *EH4*	22	AT8
Barnton Pk Vw *EH4*	21	AR8
Barnton Pk Wd *EH4*	21	AR9
Barntongate Av *EH4*	21	AR9
Barntongate Dr *EH4*	21	AR9
Barntongate Ter *EH4*	21	AR9
Baronscourt Rd *EH8*	26	BL10
Baronscourt Ter *EH8*	26	BM10
Barony Pl **17** *EH3*	25	BF9
Barony St *EH3*	25	BF9
Barony Ter *EH12*	22	AT12
Barracks St (Port S.), Pres. *EH32*	17	CM7
Bath Pl **10** *EH15*	27	BR10
Bath Rd *EH6*	14	BK6
Bath St *EH15*	27	BR11
Bath St La *EH15*	27	BR11
Bathfield *EH6*	13	BG5
Bavelaw Cres, Pen. *EH26*	66	AZ37
Bavelaw Gdns, Bal. *EH14*	56	AL26
Bavelaw Grn, Bal. *EH14*	56	AL25
Bavelaw Rd, Bal. *EH14*	56	AL26
Baxter's Pl **1** *EH1*	5	BG10
Bayview **4** (Port S.), Pres. *EH32*	17	CM7
Beach La *EH15*	27	BQ11
Beach La, Muss. *EH21*	29	BX12
Beauchamp Gro *EH16*	42	BJ19
Beauchamp Rd *EH16*	42	BJ19
Beaufort Rd *EH9*	41	BF15
Beaverbank Business Pk *EH7*	25	BE8
Beaverbank Pl *EH7*	25	BF8
Beaverhall Rd *EH7*	25	BF8
Bedford Ct *EH4*	24	BC9
Bedford St *EH4*	24	BC9
Bedford Ter *EH15*	28	BS11
Beech Gro Av, Dalk. *EH22*	54	BT26
Beech Ln, Bonny. *EH19*	61	BR29
Beech Pl, Pen. *EH26*	67	BB39
Beeches, The (Newt.), Dalk. *EH22*	55	BW28
Beechgrove Rd (Mayf.), Dalk. *EH22*	69	CA29
Beechmount Cres *EH12*	23	AX12
Beechmount Pk *EH12*	23	AX13
Beechwood Mains *EH12*	23	AX12
Beechwood Pk (Newt.), Dalk. *EH22*	63	BX29
Beechwood Ter *EH6*	14	BK8
Belford Av *EH4*	24	BA10
Belford Br *EH4*	24	BB11
Belford Gdns *EH4*	24	BA10
Belford Ms *EH4*	24	BB11
Belford Pk *EH4*	24	BB11
Belford Pl *EH4*	24	BA11
Belford Rd *EH4*	24	BB11
Belford Ter **1** *EH4*	24	BB11
Belgrave Cres *EH4*	24	BB10
Belgrave Cres La *EH4*	24	BB10
Belgrave Gdns *EH12*	22	AU12
Belgrave Ms *EH4*	24	BB10
Belgrave Pl *EH4*	24	BB10
Belgrave Rd *EH12*	22	AU12
Belgrave Ter *EH12*	22	AU13
Belhaven Pl *EH10*	40	BC17
Belhaven Ter *EH10*	40	BC17
Bell Pl *EH3*	24	BD9
Bellenden Gdns *EH16*	42	BL18
Bellerophon Dr, Pen. *EH26*	67	BB39
Bellevue *EH7*	25	BF9
Bellevue Cres *EH3*	25	BF9
Bellevue Gdns *EH7*	25	BF8
Bellevue Gro *EH7*	25	BF9
Bellevue La *EH7*	25	BF9
Bellevue Pl *EH7*	25	BF9
Bellevue Rd *EH7*	25	BF9
Bellevue St *EH7*	25	BF9
Bellevue Ter *EH7*	25	BF8
Bellfield Av, Dalk. *EH22*	54	BU25
Bellfield Av, Muss. *EH21*	29	BX13
Bellfield Ct, Muss. *EH21*	29	BX14
Bellfield La *EH15*	27	BR11
Bellfield Sq **1**, Pres. *EH32*	32	CG11
Bellfield St *EH15*	27	BR11
Bellfield Ter *EH15*	27	BR11
Bellfield Vw **1**, Bonny. *EH19*	54	BT27
Bellman's Rd, Pen. *EH26*	66	BA37
Bells Brae *EH4*	4	BC11
Bell's Mills *EH4*	24	BB11
Bell's Wynd **2** *EH1*	5	BF11
Bellsmains, Gore. *EH23*	68	BY38
Bellstane **1**, S Q'fry *EH30*	6	AD2
Belmont Av *EH12*	23	AX12
Belmont Cres *EH12*	23	AX12
Belmont Gdns *EH12*	23	AX12
Belmont Pk *EH12*	23	AX12
Belmont Rd, Jun. Grn *EH14*	48	AS21
Belmont Ter *EH12*	23	AX12
Belmont Vw *EH12*	23	AX12
Belvedere Pk *EH6*	13	BE5
Belwood Cres (Milt.Br), Pen. *EH26*	64	BD34
Belwood Rd (Milt.Br), Pen. *EH26*	64	BA34
Beresford Av *EH5*	13	BE5
Beresford Gdns *EH5*	13	BE6
Beresford Pl *EH5*	12	BD6
Beresford Ter *EH5*	12	BD6
Bernard St *EH6*	14	BJ5
Bernard Ter *EH8*	5	BG13
Beulah, Muss. *EH21*	30	CA13
Bevan Lee Ct, Dalk. *EH22*	55	BX23
Bevan Rd **2** (Mayf.), Dalk. *EH22*	63	BZ30
Beveridge Av (Mayf.), Dalk. *EH22*	69	CA31
Beveridge Cl (Mayf.), Dalk. *EH22*	69	CA30
Big Brae, Bonny. *EH19*	53	BR26
Biggar Rd *EH10*	50	BD22
Biggar Rd (Silv.), Pen. *EH26*	64	BB32
Bilston Cotts, Ros. *EH25*	59	BG29
Bilston Glen Ind Est, Lnhd *EH20*	60	BJ28
Bingham Av *EH15*	27	BP14
Bingham Bdy *EH15*	27	BP14
Bingham Cres *EH15*	27	BQ14
Bingham Crossway *EH15*	27	BP14
Bingham Dr *EH15*	27	BQ14
Bingham Medway *EH15*	27	BP14
Bingham Pl *EH15*	27	BP14
Bingham St *EH15*	27	BP14
Bingham Way *EH15*	27	BP14
Birch Ct *EH4*	21	AR9

Street	Page	Grid	Street	Page	Grid	Street	Page	Grid
Birch Cres, Lnhd EH20	59	BH28	Bonnington Ind Est EH6	13	BG7	Braid Mt Ri EH10	40	BD19
Birkenside, Gore. EH23	68	BZ36	Bonnington Rd EH6	13	BG7	Braid Mt Vw EH10	40	BD19
Birnies Ct EH4	11	AW6	Bonnington Rd La EH6	13	BG7	Braid Rd EH10	40	BC18
Birsley Brae, Tran. EH33	32	CJ13	Bonnington Ter EH6	13	BF6	Braidburn Cres EH10	40	BC18
Birsley Rd, Tran. EH33	33	CL13	Bonnybank Ct, Gore. EH23	68	BZ35	Braidburn Ter EH10	40	BC18
Blackadder Pl EH5	12	BA5	Bonnybank Rd, Gore. EH23	68	BZ35	Braidlaw Pk, Pen. EH26	66	AY38
Blackbarony Rd EH16	42	BJ17				Bramble Dr EH4	21	AR9
Blackburn Crag EH17	42	BM19	Bonnyhaugh EH6	13	BF7	Bramdean Gro EH10	40	BD19
Blackchapel Cl EH15	27	BR15	Bonnyhaugh La EH6	13	BF7	Bramdean Pl EH10	40	BD19
Blackchapel Rd EH15	27	BR15	Bonnyrigg Rd, Dalk. EH22	54	BU26	Bramdean Ri EH10	40	BD19
Blackcot Av (Mayf.), Dalk. EH22	63	BZ30	Boothacre Cotts 2 EH6	14	BL7	Bramdean Vw EH10	40	BD19
			Boothacre La EH6	14	BL7	Brand Dr EH15	27	BR13
Blackcot Dr (Mayf.), Dalk. EH22	63	BZ30	Boroughloch EH8	5	BG13	Brand Gdns EH15	28	BS12
			Boroughloch Sq EH8	5	BG13	Brandfield St EH3	4	BC13
Blackcot Pl 1 (Mayf.), Dalk. EH22	63	BZ29	Borthwick Pl EH12	24	BA12	Brandon St EH3	25	BE9
			Borthwick Vw, Lnhd EH20	60	BJ28	Brandon Ter EH3	25	BE9
Blackcot Rd (Mayf.), Dalk. EH22	63	BZ30	Borthwick's Cl 3 EH1	5	BF11	Bread St EH3	4	BD12
			Boswall Av EH5	12	BB6	Bread St La EH3	4	BD12
Blacket Av EH9	41	BH14	Boswall Cres EH5	12	BB6	Breadalbane St EH6	13	BG6
Blacket Pl EH9	41	BH14	Boswall Dr EH5	12	BB5	Breadalbane Ter 16 EH11	4	BC12
Blackford Av EH9	41	BF16	Boswall Gdns EH5	12	BB6	Breck Ter, Pen. EH26	64	BC35
Blackford Bk EH9	41	BF16	Boswall Grn EH5	12	BC6	Brewery Cl, S Q'fry EH30	6	AD2
Blackford Gate EH9	41	BE16	Boswall Gro EH5	12	BB6	Brewery La 2 EH6	13	BH6
Blackford Glen Cotts EH16	42	BJ18	Boswall Ln EH5	12	BB5	Briarbank Ter EH11	40	BA15
Blackford Glen Rd EH16	41	BG18	Boswall Ms EH5	12	BB5	Brickfield 12 EH15	27	BQ10
Blackford Hill EH9	41	BF17	Boswall Parkway EH5	12	BA5	Brickworks Rd, Tran. EH33	32	CK12
Blackford Hill Gro EH9	41	BF17	Boswall Pl EH5	12	BB6	Bridge End EH16	42	BK16
Blackford Hill Ri EH9	41	BF17	Boswall Quad EH5	12	BB6	Bridge Pl EH3	24	BC9
Blackford Hill Vw EH9	41	BF17	Boswall Rd EH5	12	BC5	Bridge Rd EH13	49	AW21
Blackford Rd EH9	41	BE15	Boswall Sq EH5	12	BB6	Bridge Rd, Bal. EH14	56	AL25
Blackfriars St EH1	5	BG11	Boswall Ter EH5	12	BB6	Bridge St EH15	27	BQ10
Blackie Rd EH6	14	BK7	Bothwell St EH7	25	BH9	Bridge St, Muss. EH21	29	BY13
Blackthorn Ct EH4	21	AR9	Boundary Rd E (Ricc.), Currie EH14	47	AP19	Bridge St, Newbr. EH28	34	AB13
Blackwood Cres EH9	41	BG14				Bridge St, Pen. EH26	67	BB39
Blaeberry Gdns EH4	21	AR9	Boundary Rd W (Ricc.), Currie EH14	47	AN19	Bridge St, Tran. EH33	33	CL13
Blair St EH1	5	BF11				Bridge St La 6 EH15	27	BQ10
Blandfield EH7	25	BF8	Bowhill Ter EH3	12	BD7	Bridgend 1, Dalk. EH22	54	BV23
Blantyre Ter EH10	40	BC15	Bowie's Cl 8 EH6	14	BJ6	Bridgend Ct, Dalk. EH22	54	BV23
Blawearie Rd, Tran. EH33	33	CM14	Bowling Grn, The EH6	13	BH6	Briery Bauks EH8	5	BG12
Bleachfield EH6	13	BF7	Bowling Grn Rd, K'lis. EH29	18	AC9	Bright Ter 19 EH11	4	BC12
Blenheim Ct, Pen. EH26	64	BC35				Brighton Pl EH15	27	BQ11
Blenheim Pl EH7	5	BG10	Bowling La 22 EH6	13	BH6	Brighton St EH1	5	BF12
Blinkbonny Av EH4	23	AZ10	Bowmont Pl EH8	5	BG13	Bright's Cres EH9	41	BH15
Blinkbonny Cres EH4	23	AY10	Boyd-Orr Dr, Pen. EH26	64	BB35	Bristo Pl EH1	5	BF12
Blinkbonny Gdns EH4	23	AZ10	Boyd's Entry 2 EH1	5	BG11	Bristo Port EH1	5	BF12
Blinkbonny Gro EH4	23	AZ10	Boy's Brigade Wk EH3	5	BF13	Bristo Sq EH8	5	BF12
Blinkbonny Gro W EH4	23	AZ10	Brae, The (Auch.), Pen. EH26	65	BE34	Britwell Cres EH7	26	BM10
Blinkbonny Rd EH4	23	AZ10				Brixwold Bk, Bonny. EH19	62	BT29
Blinkbonny Rd, Currie EH14	47	AR23	Brae Pk EH4	21	AQ7	Brixwold Dr, Bonny. EH19	62	BT29
			Braeburn Dr, Currie EH14	47	AR23	Brixwold Neuk, Bonny. EH19	62	BT29
Blinkbonny Ter EH4	23	AY10	Braefoot Ter EH16	42	BJ18			
Boat Grn EH3	25	BE8	Braehead Av EH4	21	AQ8	Brixwold Pk, Bonny. EH19	62	BT29
Bog Rd, Pen. EH26	66	BA38	Braehead Bk EH4	21	AQ8	Brixwold Ri, Bonny. EH19	62	BT29
Bogpark Rd, Muss. EH21	29	BW13	Braehead Cres EH4	21	AQ8	Brixwold Vw, Bonny. EH19	62	BT29
Bogsmill Rd EH14	39	AX18	Braehead Dr EH4	21	AQ8	Broad Wynd 7 EH6	14	BJ6
Bogwood Ct (Mayf.), Dalk. EH22	55	BZ28	Braehead Gro EH4	21	AQ8	Broadhurst Rd (Easth.), Dalk. EH22	55	BY28
			Braehead Ln EH4	21	AQ8			
Bogwood Ct (Mayf.), Dalk. EH22	55	BZ28	Braehead Pk EH4	21	AQ8	Broadway Pk EH12	37	AR15
			Braehead Rd EH4	21	AQ8	Brockwood Av, Pen. EH26	66	AY37
Bonaly Av EH13	49	AW22	Braehead Row 1 EH4	21	AR10	Brookfield Ter (Bils.), Ros. EH25	59	BG29
Bonaly Brae EH13	49	AW22	Braehead Vw EH4	21	AQ8			
Bonaly Cotts EH13	49	AW22	Braepark Rd EH4	21	AQ7	Broombank Ter EH12	38	AT15
Bonaly Cres EH13	49	AX22	Braeside Rd, Lnhd EH20	52	BM27	Broomburn Gro EH12	38	AU14
Bonaly Dr EH13	49	AW22	Braeside Rd N, Gore. EH23	68	BZ35	Broomfield Cres EH12	38	AU15
Bonaly Gdns EH13	49	AX22	Braeside Rd S, Gore. EH23	68	BZ36	Broomfield Ter EH12	38	AU15
Bonaly Gro EH13	49	AW22	Braid Av EH10	40	BD18	Broomhall Av EH12	38	AT14
Bonaly Ri EH13	49	AX22	Braid Cres EH10	40	BC18	Broomhall Bk EH12	38	AT14
Bonaly Rd EH13	49	AW21	Braid Fm Rd EH10	40	BC18	Broomhall Cres EH12	38	AT14
Bonaly Steading 3 EH13	49	AW22	Braid Hills App EH10	40	BD19	Broomhall Dr EH12	38	AS14
Bonaly Ter EH13	49	AX22	Braid Hills Av EH10	40	BC18	Broomhall Gdns EH12	38	AT14
Bonaly Wester EH13	49	AW22	Braid Hills Cres EH10	40	BC19	Broomhall Ln EH12	38	AT14
Bonar Pl EH6	13	BF6	Braid Hills Dr EH10	41	BE18	Broomhall Pk EH12	38	AT14
Bo'ness Rd, S Q'fry EH30	6	AB2	Braid Hills Dr EH16	41	BF19	Broomhall Pl EH12	38	AT14
Bonnington Av EH6	13	BF6	Braid Hills Rd EH10	40	BC19	Broomhall Rd EH12	38	AT14
Bonnington Gait 1 EH6	13	BG7	Braid Mt EH10	40	BC18	Broomhall Ter EH12	38	AS14
Bonnington Gro EH6	13	BF6	Braid Mt Crest EH10	40	BD19	Broomhill Av, Pen. EH26	66	BA39

Street	Page	Grid
Broomhill Dr, Dalk. *EH22*	54	BU25
Broomhill Pk, Dalk. *EH22*	54	BU26
Broomhill Rd, Pen. *EH26*	66	BA39
Broomhouse Av *EH11*	38	AT16
Broomhouse Bk *EH11*	38	AU16
Broomhouse Cotts E *EH11*	38	AU16
Broomhouse Cotts W *EH11*	38	AU16
Broomhouse Ct *EH11*	38	AU16
Broomhouse Cres *EH11*	38	AU16
Broomhouse Dr *EH11*	38	AT15
Broomhouse Gdns *EH11*	38	AU15
Broomhouse Gdns E *EH11*	38	AU15
Broomhouse Gdns W *EH11*	38	AT15
Broomhouse Gro *EH11*	38	AU16
Broomhouse Ln *EH11*	38	AU16
Broomhouse Mkt *EH11*	38	AU16
Broomhouse Medway *EH11*	38	AU15
Broomhouse Pk *EH11*	38	AT16
Broomhouse Path *EH11*	38	AT16
Broomhouse Pl N *EH11*	38	AT16
Broomhouse Pl S *EH11*	38	AU16
Broomhouse Rd *EH11*	38	AT16
Broomhouse Rd *EH12*	38	AT15
Broomhouse Row *EH11*	38	AV15
Broomhouse Sq *EH11*	38	AU16
Broomhouse St N *EH11*	38	AT16
Broomhouse St S *EH11*	38	AU17
Broomhouse Ter *EH11*	38	AU15
Broomhouse Wk *EH11*	38	AU16
Broomhouse Way *EH11*	38	AU16
Broomhouse Wynd *EH11*	38	AU16
Broomieknowe, Lass. *EH18*	53	BQ27
Broomieknowe Gdns, Bonny. *EH19*	53	BR27
Broomieknowe Pk, Bonny. *EH19*	53	BR26
Broomlea Cres *EH12*	38	AT14
Broompark Rd *EH12*	38	AU14
Broomside Ter *EH12*	38	AU15
Broomview Ho *EH11*	38	AT17
Broomyknowe *EH14*	39	AX19
Brougham Pl *EH3*	4	BE13
Brougham St *EH3*	4	BD13
Broughton Mkt *EH3*	25	BF9
Broughton Pl *EH1*	25	BF9
Broughton Pl La *EH1*	25	BF9
Broughton Rd *EH7*	25	BF9
Broughton St *EH1*	25	BF9
Broughton St La *EH1*	5	BF10
Brown St *EH8*	5	BG12
Brown St La **32** *EH8*	5	BG12
Brown's Cl *EH8*	5	BH11
Brown's Pl **4** *EH1*	4	BE12
Bruce Gdns, Dalk. *EH22*	55	BX25
Bruce St *EH10*	40	BC17
Brunstane Bk *EH15*	28	BT13
Brunstane Cres *EH15*	28	BT13
Brunstane Dr *EH15*	28	BS13
Brunstane Gdns *EH15*	28	BS12
Brunstane Gdns, Pen. *EH26*	66	AZ37
Brunstane Gdns Ms **1** *EH15*	28	BS12
Brunstane Rd *EH15*	28	BS12
Brunstane Rd N *EH15*	28	BS11
Brunstane Rd S *EH15*	28	BS13
Brunswick Pl *EH7*	25	BG9
Brunswick Rd *EH7*	25	BG9
Brunswick St *EH7*	25	BG9
Brunswick St La *EH7*	25	BG9
Brunswick Ter **10** *EH7*	25	BH9
Brunton Ct, Muss. *EH21*	29	BY13
Brunton Gdns **2** *EH7*	25	BH9
Brunton Pl *EH7*	25	BH9
Brunton Ter *EH7*	25	BH9
Brunton's Cl, Dalk. *EH22*	55	BW24
Bruntsfield Av *EH10*	40	BD14
Bruntsfield Cres *EH10*	40	BD14
Bruntsfield Gdns *EH10*	40	BD15
Bruntsfield Pl *EH10*	40	BC15
Bruntsfield Ter *EH10*	40	BD14
Bryans Av (Newt.), Dalk. *EH22*	63	BX29
Bryans Rd (Newt.), Dalk. *EH22*	63	BW29
Bryce Av *EH7*	15	BP9
Bryce Cres, Currie *EH14*	47	AQ22
Bryce Gdns, Currie *EH14*	47	AQ22
Bryce Gro *EH7*	15	BP9
Bryce Pl, Currie *EH14*	47	AQ22
Bryce Rd, Currie *EH14*	47	AQ22
Bryson Rd *EH11*	40	BB14
Buccleuch Pl *EH8*	5	BF13
Buccleuch St *EH8*	5	BG13
Buccleuch St, Dalk. *EH22*	55	BW24
Buccleuch Ter *EH8*	5	BG13
Buchanan St *EH6*	25	BH8
Buckie Rd (Mayf.), Dalk. *EH22*	69	CA29
Buckingham Ter *EH4*	24	BB10
Buckstane Pk *EH10*	50	BC20
Buckstone Av *EH10*	50	BD21
Buckstone Bk *EH10*	50	BD20
Buckstone Circle *EH10*	51	BE21
Buckstone Cl *EH10*	51	BE21
Buckstone Ct *EH10*	50	BD21
Buckstone Cres *EH10*	50	BD20
Buckstone Crook *EH10*	51	BE22
Buckstone Dell *EH10*	50	BD20
Buckstone Dr *EH10*	50	BD20
Buckstone Gdns *EH10*	50	BD21
Buckstone Gate *EH10*	51	BE21
Buckstone Grn *EH10*	51	BE21
Buckstone Gro *EH10*	50	BD20
Buckstone Hill *EH10*	51	BE21
Buckstone Howe *EH10*	51	BE21
Buckstone Lea *EH10*	51	BE21
Buckstone Ln *EH10*	50	BD21
Buckstone Ln E *EH10*	51	BE21
Buckstone Neuk *EH10*	51	BE20
Buckstone Pl *EH10*	50	BD21
Buckstone Ri *EH10*	51	BE21
Buckstone Rd *EH10*	50	BD21
Buckstone Row *EH10*	51	BE21
Buckstone Shaw *EH10*	51	BE22
Buckstone Ter *EH10*	50	BD21
Buckstone Vw *EH10*	50	BD20
Buckstone Way *EH10*	50	BD20
Buckstone Wd *EH10*	50	BD21
Buckstone Wynd *EH10*	51	BE21
Bughtlin Dr *EH12*	21	AQ10
Bughtlin Gdns *EH12*	21	AQ11
Bughtlin Grn *EH12*	21	AQ10
Bughtlin Ln *EH12*	21	AQ11
Bughtlin Mkt *EH12*	21	AR11
Bughtlin Pk *EH12*	21	AR10
Bughtlin Pl *EH12*	21	AQ10
Builyeon Rd, S Q'fry *EH30*	6	AA3
Bull's Cl **5** *EH8*	5	BH11
Burdiehouse Av *EH17*	52	BK23
Burdiehouse Cres *EH17*	52	BK23
Burdiehouse Crossway **2** *EH17*	52	BK23
Burdiehouse Dr *EH17*	52	BK24
Burdiehouse Ln *EH17*	52	BK23
Burdiehouse Medway *EH17*	52	BK23
Burdiehouse Pl *EH17*	52	BK23
Burdiehouse Rd *EH17*	52	BJ22
Burdiehouse Sq *EH17*	52	BJ24
Burdiehouse St *EH17*	52	BK23
Burdiehouse Ter *EH17*	52	BK23
Burgess Rd, S Q'fry *EH30*	6	AD2
Burgess St *EH6*	14	BJ6
Burgess Ter *EH9*	26	BJ15
Burghlee Cres, Lnhd *EH20*	60	BK28
Burghlee Ter, Lnhd *EH20*	60	BL28
Burghtoft *EH17*	53	BN22
Burlington St *EH6*	13	BH6
Burnbank, Lnhd *EH20*	52	BJ27
Burnbank Cres, Lnhd *EH20*	52	BJ26
Burnbank Gro, Lnhd *EH20*	52	BJ26
Burnbank Ter (Bils.), Ros. *EH25*	59	BG29
Burnbrae *EH12*	21	AQ11
Burndene Dr (Strait.), Lnhd *EH20*	59	BH26
Burnhead Cres *EH16*	42	BJ20
Burnhead Gro *EH16*	42	BK21
Burnhead Ln *EH16*	42	BK21
Burnhead Path E *EH16*	42	BK21
Burnhead Path W *EH16*	42	BK21
Burns St *EH6*	14	BJ7
Burnside *EH12*	21	AQ11
Burnside **3**, Pres. *EH32*	16	CG10
Burnside Av (Easth.), Dalk. *EH22*	55	BZ28
Burnside Cres (Easth.), Dalk. *EH22*	55	BZ28
Burnside Pk, Bal. *EH14*	56	AL26
Burnside Rd *EH12*	20	AJ11
Burnside Rd, Gore. *EH23*	68	BY34
Bush Ln, Pen. *EH26*	65	BE32
Bush St, Muss. *EH21*	29	BX12
Bush Ter **1**, Muss. *EH21*	29	BX13
Butlerfield Ind Est, Bonny. *EH19*	63	BW31

C

Street	Page	Grid
Cables Wynd *EH6*	13	BH6
Cables Wynd Ho *EH6*	13	BH6
Caddell's Row *EH4*	9	AR6
Cadell Pl (Cock.), Pres. *EH32*	17	CL7
Cadell Sq **3**, Tran. *EH33*	33	CM13
Cadiz St *EH6*	14	BJ6
Cadogan Rd *EH16*	42	BJ20
Cadzow Pl *EH7*	26	BJ10
Caerketton Av (Bils.), Ros. *EH25*	59	BG29
Caerketton Cotts *EH13*	40	BA19
Caerketton Ct *EH13*	50	BB20
Caerlaverock Ct **9** *EH12*	21	AR12
Caesar Rd, Tran. *EH33*	33	CL13
Caesar Way **1**, Tran. *EH33*	33	CL13
Caird's Row, Muss. *EH21*	29	BX12
Cairnbank Gdns, Pen. *EH26*	66	BA39
Cairnbank Rd, Pen. *EH26*	66	BA39
Cairnmuir Rd *EH12*	22	AU11
Cairns Dr, Bal. *EH14*	56	AK27
Cairns Gdns, Bal. *EH14*	56	AK27
Cairntows Cl *EH16*	26	BM15
Caithness Pl *EH5*	12	BD6
Caiyside *EH10*	50	BC23
Caiystane Av *EH10*	50	BC22
Caiystane Cres *EH10*	50	BC21
Caiystane Dr *EH10*	50	BB22
Caiystane Gdns *EH10*	50	BB21
Caiystane Hill *EH10*	50	BC21
Caiystane Ter *EH10*	50	BB22
Caiystane Vw *EH10*	50	BC22
Calder Ct *EH11*	38	AS17
Calder Cres *EH11*	37	AR18

Name	Page	Grid	Name	Page	Grid	Name	Page	Grid
Calder Dr *EH11*	38	AS18	Canaan La *EH10*	41	BE16	Carnethie St, Rose. *EH24*	61	BN33
Calder Gdns *EH11*	38	AS18	Candlemaker Row *EH1*	5	BF12	Carnethy Av *EH13*	49	AW21
Calder Gro *EH11*	37	AR18	Candlemaker's Cres *EH17*	43	BP20	Carnethy Av, Pen. *EH26*	66	BA37
Calder Pk *EH11*	38	AS18	Candlemaker's Pk *EH17*	43	BP21	Carnethy Ct, Pen. *EH26*	67	BB38
Calder Pl *EH11*	38	AS18	Canmore St, S Q'fry *EH30*	6	AD3	Caroline Gdns *EH12*	22	AU12
Calder Rd *EH11*	38	AV16	Canning St *EH3*	4	BD11	Caroline Pk Av *EH5*	11	AZ4
Calder Rd (Ratho), Newbr.	46	AJ19	Canning St La *EH3*	4	BC12	Caroline Pk Gro *EH5*	11	AZ5
EH28			Cannon Wynd *EH6*	13	BG5	Caroline Pl *EH12*	22	AU12
Calder Rd Gdns *EH11*	39	AW16	Canon Ct **3** *EH3*	25	BE8	Caroline Ter *EH12*	22	AT11
Calder Vw *EH11*	37	AR18	Canon La *EH3*	25	BE9	Carpet La *EH6*	14	BJ6
Caledonian Cres *EH11*	24	BB13	Canon St *EH3*	25	BE9	Carrick Cres (Easth.),	55	BY27
Caledonian Pl *EH11*	4	BC13	Canongate *EH8*	5	BG11	Dalk. *EH22*		
Caledonian Rd *EH11*	4	BC12	Canonmills *EH3*	25	BE8	Carrick Knowe Av *EH12*	22	AV13
Calton Hill *EH1*	5	BG10	Canonmills Br **5** *EH3*	25	BE8	Carrick Knowe Dr *EH12*	38	AU14
Calton Hill *EH1*	5	BG10	Capelaw Ct *EH13*	50	BB20	Carrick Knowe Gdns *EH12*	38	AV14
Calton Rd *EH8*	5	BG11	Capelaw Rd *EH13*	49	AW22	Carrick Knowe Gro *EH12*	38	AV14
Cambridge Av *EH6*	25	BG8	Caplaw Way, Pen. *EH26*	66	AX38	Carrick Knowe Hill *EH12*	38	AV14
Cambridge Gdns *EH6*	25	BG8	Caponhall Ct, Tran. *EH33*	33	CL14	Carrick Knowe Ln *EH12*	38	AU14
Cambridge St *EH1*	4	BD13	Caponhall Dr, Tran. *EH33*	33	CL14	Carrick Knowe Parkway	38	AU14
Cambridge St La **3** *EH1*	4	BD12	Caponhall Rd, Tran. *EH33*	33	CL14	*EH12*		
Cambusnethan St *EH7*	26	BK10	Captain's Dr *EH16*	42	BK21	Carrick Knowe Pl *EH12*	38	AV14
Cameron Br *EH16*	42	BK16	Captain's Ln *EH16*	42	BK21	Carrick Knowe Rd *EH12*	38	AU15
Cameron Cres *EH16*	42	BK16	Captain's Rd *EH17*	52	BK22	Carrick Knowe Ter *EH12*	38	AV14
Cameron Cres, Bonny.	61	BP30	Captain's Row *EH16*	52	BK22	Carrington Rd *EH4*	24	BA9
EH19			Carberry Cl (Inv.), Muss.	30	CA16	Carrington Rd, Bonny.	62	BT31
Cameron Ho Av *EH16*	26	BK15	*EH21*			*EH19*		
Cameron March *EH16*	42	BJ16	Carberry Gro (Inv.),	29	BZ16	Carron Pl *EH6*	14	BK6
Cameron Pk *EH16*	42	BJ16	Muss. *EH21*			Carrubber's Cl **5** *EH1*	5	BF11
Cameron Smail Rd	47	AN20	Carberry Pl *EH12*	24	BA12	Casselbank St *EH6*	13	BH7
(Ricc.), Currie *EH14*			Carberry Rd (Inv.), Muss.	29	BZ15	Cassel's La *EH6*	13	BH7
Cameron Ter *EH16*	42	BK16	*EH21*			Cast, The, Lass. *EH18*	60	BM29
Cameron Toll *EH16*	42	BK16	Carfrae Gdns *EH4*	23	AW9	Castle Av *EH12*	38	AT14
Cameron Toll Gdns *EH16*	42	BK16	Carfrae Gro *EH4*	23	AW9	Castle Av, Gore. *EH23*	68	BY35
Cameron Toll Shop Cen	42	BJ16	Carfrae Pk *EH4*	23	AW9	Castle Av (Port S.), Pres.	17	CN7
EH16			Carfrae Rd *EH4*	23	AW9	*EH32*		
Cammo Bk *EH4*	21	AQ9	Cargil Ct *EH5*	12	BC6	Castle Pl, Gore. *EH23*	68	BY35
Cammo Brae *EH4*	21	AQ9	Cargil Ter *EH5*	12	BD6	Castle Rd (Port S.), Pres.	17	CN7
Cammo Cres *EH4*	21	AQ9	Carlaverock Av, Tran. *EH33*	33	CM14	*EH32*		
Cammo Gdns *EH4*	21	AQ9	Carlaverock Cl, Tran. *EH33*	33	CN15	Castle Rd, Tran. *EH33*	32	CK15
Cammo Gro *EH4*	21	AP9	Carlaverock Ct, Tran. *EH33*	33	CN14	Castle St *EH2*	4	BD11
Cammo Hill *EH4*	21	AP9	Carlaverock Cres, Tran.	33	CM14	Castle Ter *EH1*	4	BE12
Cammo Parkway *EH4*	21	AQ9	*EH33*			Castle Ter *EH3*	4	BE12
Cammo Pl *EH4*	21	AQ9	Carlaverock Dr, Tran. *EH33*	33	CM14	Castle Ter (Port S.), Pres.	17	CN7
Cammo Rd *EH4*	21	AP9	Carlaverock Gro, Tran.	33	CM14	*EH32*		
Cammo Rd *EH12*	21	AN9	*EH33*			Castle Vw, Gore. *EH23*	68	BY36
Cammo Wk *EH4*	21	AP10	Carlaverock Ter, Tran. *EH33*	33	CN15	Castle Vw (Port S.), Pres.	17	CN7
Camp Rd (Mayf.), Dalk.	69	CA28	Carlaverock Vw, Tran.	33	CM15	*EH32*		
EH22			*EH33*			Castle Wk (Port S.), Pres.	17	CN7
Camp Wd Vw (Mayf.),	69	CA30	Carlaverock Wk, Tran.	33	CM14	*EH32*		
Dalk. *EH22*			*EH33*			Castle Wynd N **41** *EH1*	4	BE12
Campbell Av *EH12*	23	AY12	Carlops Av, Pen. *EH26*	66	BA37	Castle Wynd S **34** *EH1*	4	BE12
Campbell Pk Cres *EH13*	48	AV21	Carlops Cres, Pen. *EH26*	66	BA37	Castlehill *EH1*	4	BE11
Campbell Pk Dr *EH13*	48	AV21	Carlops Rd, Pen. *EH26*	66	AZ38	Castlelaw Ct, Pen. *EH26*	67	BB37
Campbell Rd *EH12*	23	AY11	Carlowrie Av (Dalm.),	7	AG4	Castlelaw Cres (Bils.),	59	BG30
Campbell's Cl *EH8*	5	BH11	S Q'fry *EH30*			Ros. *EH25*		
Campie Gdns, Muss. *EH21*	29	BX13	Carlowrie Cres (Dalm.),	7	AG4	Castlelaw Rd *EH13*	49	AW21
Campie Ho, Muss. *EH21*	29	BX13	S Q'fry *EH30*			Castleview Ho *EH17*	42	BM18
Campie La, Muss. *EH21*	29	BX13	Carlowrie Pl, Gore. *EH23*	68	BZ34	Cathcart Pl *EH11*	24	BB13
Campie Rd, Muss. *EH21*	29	BX13	Carlton St *EH4*	4	BC10	Cathedral La *EH1*	5	BF10
Campview (Dand.), Dalk.	43	BR20	Carlton Ter *EH7*	5	BH10	Catherine Pl *EH3*	25	BE8
EH22			Carlton Ter Brae *EH7*	5	BH10	Catriona Ter, Pen. *EH26*	64	BD34
Campview Av (Dand.),	43	BR20	Carlton Ter La *EH7*	5	BH10	Cattle Rd *EH14*	39	AX16
Dalk. *EH22*			Carlton Ter Ms *EH7*	5	BH10	Causeway, The *EH15*	26	BL13
Campview Cres (Dand.),	43	BR20	Carlyle Pl *EH7*	26	BJ10	Causewayside *EH9*	41	BG14
Dalk. *EH22*			Carlyle Pl, Muss. *EH21*	29	BY13	Cavalry Pk Dr *EH15*	26	BM13
Campview Gdns (Dand.),	43	BR20	Carmel Av, K'lis. *EH29*	18	AC9	Cedar Dr (Port S.), Pres.	17	CL8
Dalk. *EH22*			Carmel Rd, K'lis. *EH29*	18	AC10	*EH32*		
Campview Gro *EH22*	44	BS20	Carmelite Rd, S Q'fry	6	AD3	Cedar Rd, Lnhd *EH20*	59	BH28
Campview Rd, Bonny.	61	BR28	*EH30*			Cedars, The *EH13*	49	AX20
EH19			Carnbee Av *EH16*	42	BL21	Cemetery Rd, Dalk. *EH22*	54	BV24
Campview Ter (Dand.),	43	BR20	Carnbee Cres *EH16*	42	BL21	Chalmers Bldgs **2** *EH3*	4	BD13
Dalk. *EH22*			Carnbee Dell **1** *EH16*	42	BL21	Chalmers Cl **30** *EH1*	5	BG11
Camus Av *EH10*	50	BC21	Carnbee End *EH16*	42	BL20	Chalmers Cres *EH9*	41	BF14
Camus Pk *EH10*	50	BC21	Carnbee Pk *EH16*	42	BL21	Chalmers St *EH3*	4	BE12
Canaan La *EH9*	41	BE16	Carnegie Ct *EH8*	5	BG12	Chamberlain Rd *EH10*	40	BD15
			Carnegie St *EH8*	5	BG12	Chambers St *EH1*	5	BF12

Name	Col2	Col3	Name	Col5	Col6	Name	Col8	Col9
Champigny Ct, Muss. EH21	30	CA14	Circus La EH3	24	BD9	Clermiston Pk EH4	22	AT9
			Circus Pl EH3	4	BD10	Clermiston Pl EH4	22	AT10
Chancelot Cres EH6	13	BE6	Citadel Ct EH6	13	BH5	Clermiston Rd EH12	22	AU13
Chancelot Gro EH5	13	BE6	Citadel Pl EH6	13	BH5	Clermiston Rd N EH4	22	AU9
Chancelot Ter EH6	13	BF6	Citadel St 21 EH6	13	BH5	Clermiston Ter 1 EH12	22	AU12
Chapel Ct EH16	27	BN15	City of Edinburgh Bypass, The EH10	50	BA22	Clermiston Vw EH4	22	AU10
Chapel La 2 EH6	14	BJ6				Clerwood Bk EH12	22	AT11
Chapel Ln, Ros. EH25	60	BJ32	City of Edinburgh Bypass, The EH12	37	AP15	Clerwood Gdns EH12	22	AT11
Chapel St EH8	5	BG12				Clerwood Gro EH12	22	AU11
Chapel Wynd 7 EH1	4	BE12	City of Edinburgh Bypass, The EH13	48	AU21	Clerwood Ln EH12	22	AT11
Charles St EH8	5	BF12				Clerwood Pk EH12	22	AT11
Charles St, Pen. EH26	66	BA36	City of Edinburgh Bypass, The EH14	37	AR18	Clerwood Pl EH12	22	AU11
Charles St La EH8	5	BF12				Clerwood Row EH12	22	AT11
Charlesfield 8 EH8	5	BF12	City of Edinburgh Bypass, The EH17	51	BH24	Clerwood Ter EH12	22	AU11
Charlotte La EH2	4	BD11				Clerwood Vw EH12	22	AU11
Charlotte Sq EH2	4	BD11	City of Edinburgh Bypass, The, Dalk. EH22	44	BV21	Clerwood Way EH12	22	AT11
Charlton Gro, Ros. EH25	65	BH32				Clifton Rd, Newbr. EH28	34	AA16
Charterhall Gro EH9	41	BF16	City of Edinburgh Bypass, The, Lass. EH18	53	BQ23	Clifton Sq EH15	27	BQ11
Charterhall Rd EH9	41	BF17				Clifton Ter EH12	4	BC12
Chatterrig EH13	50	BB20	City of Edinburgh Bypass, The, Muss. EH21	44	BV21	Clifton Trd Est, Newbr. EH28	34	AB15
Cherry La (Mayf.), Dalk. EH22	69	CA29						
			Civic Sq 4, Tran. EH33	33	CM13	Cliftonhall Rd, Newbr. EH28	34	AB15
Cherry Rd, Bonny. EH19	61	BR29	Clackmae Gro EH16	41	BH19			
Cherry Tree Av, Bal. EH14	47	AN24	Clackmae Rd EH16	41	BH19	Clinton Rd EH9	40	BD15
Cherry Tree Cres, Bal. EH14	46	AM24	Clapper La EH16	42	BJ17	Clockmill La EH8	26	BK10
			Clarebank Cres EH6	14	BK7	Clovenstone Dr EH14	48	AU20
Cherry Tree Cres, Currie EH14	46	AM24	Claremont Bk EH7	25	BF9	Clovenstone Gdns EH14	38	AU18
			Claremont Ct EH7	25	BF8	Clovenstone Pk EH14	48	AU20
Cherry Tree Gdns, Bal. EH14	46	AM24	Claremont Cres EH7	25	BF8	Clovenstone Rd EH14	38	AU18
			Claremont Gdns EH7	14	BK7	Cloverfoot EH16	43	BG15
Cherry Tree Gro, Bal. EH14	46	AM24	Claremont Gro EH7	25	BF8	Clufflat, S Q'fry EH30	6	AB1
Cherry Tree Ln, Bal. EH14	47	AN24	Claremont Pk EH6	14	BK7	Clufflat Brae, S Q'fry EH30	6	AB1
Cherry Tree Pk, Bal. EH14	46	AM24	Claremont Rd EH6	14	BK7	Cluny Av EH10	40	BD17
Cherry Tree Pl, Currie EH14	47	AN24	Clarence St EH3	24	BD9	Cluny Dr EH10	40	BD17
			Clarendon Cres EH4	4	BC10	Cluny Gdns EH10	40	BD17
Cherry Tree Vw, Bal. EH14	47	AN24	Clarinda Gdns, Dalk. EH22	55	BZ24	Cluny Pl EH10	41	BE17
Chessels Ct EH8	5	BG11	Clarinda Ter EH16	42	BJ18	Cluny Ter EH10	40	BD16
Chesser Av EH14	39	AX15	Clark Av EH5	13	BE6	Coal Neuk, Tran. EH33	33	CL13
Chesser Cotts 1 EH11	39	AY15	Clark Pl EH5	12	BD6	Coal Neuk Ct, Tran. EH33	33	CL13
Chesser Ct EH14	39	AX15	Clark Rd EH5	12	BD6	Coalgate Av, Tran. EH33	33	CN12
Chesser Cres EH14	39	AX16	Claverhouse Dr EH16	42	BJ19	Coalgate Rd, Tran. EH33	33	CM12
Chesser Gdns EH14	39	AX15	Clayhills Gro, Bal. EH14	56	AK26	Coalhill EH6	13	BH6
Chesser Gro EH14	39	AX16	Clayhills Pk, Bal. EH14	56	AK26	Coates Cres EH3	4	BC12
Chesser Ln EH14	39	AX16	Clayknowes Av, Muss. EH21	29	BW14	Coates Gdns EH12	24	BB12
Chester Ct, Bonny. EH19	61	BR29				Coates Pl EH3	4	BC12
Chester Dr (Mayf.), Dalk. EH22	63	BZ30	Clayknowes Ct, Muss. EH21	29	BW15	Coatfield La EH6	14	BJ6
						Cobbinshaw Ho EH11	38	AS18
Chester Gro, Bonny. EH19	61	BR29	Clayknowes Dr, Muss. EH21	28	BV14	Cobden Cres EH9	41	BH15
Chester St EH3	4	BC11				Cobden Rd EH9	41	BH15
Chester Vw (Mayf.), Dalk. EH22	63	BZ30	Clayknowes Pl, Muss. EH21	28	BV14	Cobden Ter 18 EH11	4	BC12
						Coburg St EH6	13	BH6
Chesters Vw, Bonny. EH19	61	BR29	Clayknowes Rd, Muss. EH21	29	BW14	Cochran Pl EH7	25	BF9
Chestnut Gro, Bonny. EH19	61	BR29				Cochran Ter EH7	25	BF9
			Clayknowes Way, Muss. EH21	29	BW14	Cochrane Pl 1 EH6	14	BJ7
Chestnut Gro (Port S.), Pres. EH32	17	CM8				Cochrina Pl, Rose. EH24	60	BM33
			Clearburn Cres EH16	26	BK15	Cockburn Cres, Bal. EH14	56	AL28
Chestnut St EH5	12	BA4	Clearburn Gdns EH16	26	BK15	Cockburn St EH1	5	BF11
Cheyne St EH4	24	BC9	Clearburn Rd EH16	26	BK15	Cockburnhill Rd, Bal. EH14	56	AK27
Chisholm Ter, Pen. EH26	67	BB36	Clearburn Rd, Gore. EH23	63	BX33	Cockmylane EH10	50	BB21
Christian Cres EH15	27	BR12	Cleekim Dr EH15	27	BR15	Cockpen Av, Bonny. EH19	61	BQ30
Christian Gro EH15	27	BR12	Cleekim Rd EH15	27	BR15	Cockpen Cres, Bonny. EH19	61	BQ30
Christian Path EH15	27	BQ11	Cleikiminfield EH15	27	BR15			
Christiemiller Av EH7	15	BN9	Cleikiminrig EH15	27	BR15	Cockpen Dr, Bonny. EH19	61	BQ30
Christiemiller Gro EH7	27	BN10	Cleric's Hill, K'lis. EH29	18	AC10	Cockpen Pl 1, Bonny. EH19	61	BQ30
Christiemiller Pl EH7	15	BN9	Clerk Rd, Pen. EH26	66	AZ38	Cockpen Rd, Bonny. EH19	62	BS29
Chuckie Pend EH3	4	BD12	Clerk St EH8	5	BG13	Cockpen Ter, Bonny. EH19	61	BQ30
Church Hill EH10	40	BD15	Clerk St, Lnhd EH20	52	BL27	Cockpen Vw, Bonny. EH19	61	BQ30
Church Hill Dr EH10	40	BD15	Clermiston Av EH4	22	AT9	Coffin La EH11	24	BB13
Church Hill Pl EH10	40	BD15	Clermiston Cres EH4	22	AT9	Coillesdene Av EH15	28	BT12
Church La, Muss. EH21	29	BY14	Clermiston Dr EH4	22	AT9	Coillesdene Cres EH15	28	BT12
Church Rd, Lass. EH18	53	BP26	Clermiston Gdns EH4	22	AT10	Coillesdene Dr EH15	28	BT12
Church St, Lnhd EH20	52	BL28	Clermiston Grn EH4	22	AT9	Coillesdene Gdns EH15	28	BT12
Church St, Tran. EH33	33	CL12	Clermiston Gro EH4	22	AT10	Coillesdene Gro EH15	28	BT12
Circle, The (Dand.), Dalk. EH22	43	BR19	Clermiston Hill EH4	22	AT9	Coillesdene Ln EH15	28	BU12
			Clermiston Ln EH4	22	AT9	Coillesdene Ter EH15	28	BT12
Circus Gdns EH3	4	BD10	Clermiston Medway EH4	22	AT9	Coinyie Ho Cl 18 EH1	5	BG11

Colinton Gro *EH14*	39	AZ17	Cornwall St *EH1*	4	BD12	Craigentinny Pl *EH7*	27	BN10
Colinton Gro W *EH14*	39	AZ17	Cornwallis Pl *EH3*	25	BE9	Craigentinny Rd *EH7*	14	BM9
Colinton Mains Cres *EH13*	49	AZ21	Coronation Pl (Mayf.),	55	BZ28	Craighall Av *EH6*	13	BE5
Colinton Mains Dr *EH13*	39	AZ19	Dalk. *EH22*			Craighall Bk *EH6*	13	BE5
Colinton Mains Gdns *EH13*	39	AZ19	Coronation Pl, Tran. *EH33*	33	CL13	Craighall Cres *EH6*	13	BE5
			Coronation Wk *EH3*	4	BE13	Craighall Gdns *EH6*	13	BE6
Colinton Mains Grn *EH13*	49	AZ20	Corrennie Dr *EH10*	40	BD17	Craighall Rd *EH6*	13	BE5
Colinton Mains Gro *EH13*	50	BA20	Corrennie Gdns *EH10*	40	BD18	Craighall Ter *EH6*	13	BE6
Colinton Mains Ln *EH13*	49	AZ20	Corrie Ct (Newt.), Dalk.	63	BX31	Craighall Ter, Muss. *EH21*	30	CB13
Colinton Mains Pl *EH13*	50	BA20	*EH22*			Craighill Gdns *EH10*	40	BB18
Colinton Mains Rd *EH13*	50	BA20	Corslet Cres, Currie *EH14*	47	AR22	Craighouse Av *EH10*	40	BB17
Colinton Mains Ter *EH13*	50	BA20	Corslet Pl, Currie *EH14*	47	AQ22	Craighouse Gdns *EH10*	40	BB17
Colinton Rd *EH10*	40	BB16	Corslet Rd, Currie *EH14*	47	AQ22	Craighouse Pk *EH10*	40	BB17
Colinton Rd *EH13*	39	AY19	Corstorphine Bk Av *EH12*	22	AS12	Craighouse Rd *EH10*	40	BB17
Colinton Rd *EH14*	40	BA16	Corstorphine Bk Dr *EH12*	22	AS12	Craighouse Ter *EH10*	40	BB17
College Wynd **9** *EH1*	5	BF12	Corstorphine Bk Ter *EH12*	22	AS12	Craigiebield Cres, Pen.	66	BA39
Collins Pl *EH3*	24	BD9	Corstorphine High St	22	AT13	*EH26*		
Colmestone Gate *EH10*	50	BC21	*EH12*			Craigievar Sq *EH12*	21	AR11
Coltbridge Av *EH12*	23	AZ12	Corstorphine Hill Av *EH12*	22	AU12	Craigievar Wynd *EH12*	21	AQ12
Coltbridge Gdns *EH12*	24	BA12	Corstorphine Hill Cres	22	AU12	Craiglea Dr *EH10*	40	BB18
Coltbridge Millside *EH12*	24	BA12	*EH12*			Craiglea Pl *EH10*	40	BB17
Coltbridge Ter *EH12*	23	AZ12	Corstorphine Hill Gdns	22	AU12	Craigleith Av N *EH4*	23	AY11
Coltbridge Vale *EH12*	24	BA12	*EH12*			Craigleith Av S *EH4*	23	AY11
Columba Av *EH4*	23	AX9	Corstorphine Hill Rd *EH12*	22	AU12	Craigleith Bk *EH4*	23	AY10
Columba Rd *EH4*	23	AX9	Corstorphine Ho Av *EH12*	22	AU13	Craigleith Cres *EH4*	23	AY10
Colville Pl *EH3*	24	BD9	Corstorphine Ho Ter *EH12*	22	AU13	Craigleith Dr *EH4*	23	AY10
Comely Bk *EH4*	24	BB9	Corstorphine Pk Gdns	22	AU13	Craigleith Gdns *EH4*	23	AY10
Comely Bk Av *EH4*	24	BC9	*EH12*			Craigleith Gro *EH4*	23	AY10
Comely Bk Gro *EH4*	24	BB10	Corstorphine Rd *EH12*	23	AW13	Craigleith Hill *EH4*	23	AZ10
Comely Bk Pl *EH4*	24	BC9	Cortleferry Dr, Dalk. *EH22*	54	BU26	Craigleith Hill Av *EH4*	23	AZ9
Comely Bk Pl Ms **2** *EH4*	24	BC9	Cortleferry Gro, Dalk.	54	BU26	Craigleith Hill Cres *EH4*	23	AZ9
Comely Bk Rd *EH4*	24	BC9	*EH22*			Craigleith Hill Gdns *EH4*	23	AZ9
Comely Bk Row *EH4*	24	BC9	Cortleferry Pk, Dalk. *EH22*	54	BU26	Craigleith Hill Grn *EH4*	23	AZ9
Comely Bk St *EH4*	24	BB9	Cortleferry Ter, Dalk. *EH22*	54	BU26	Craigleith Hill Gro *EH4*	23	AZ9
Comely Bk Ter *EH4*	24	BB9	Corunna Pl *EH6*	13	BH6	Craigleith Hill Ln *EH4*	23	AZ9
Comely Grn Cres *EH7*	26	BJ10	Corunna Ter, Pen. *EH26*	64	BC35	Craigleith Hill Pk *EH4*	23	AZ9
Comely Grn Pl *EH7*	26	BJ10	Costkea Way, Lnhd *EH20*	52	BJ27	Craigleith Hill Row *EH4*	23	AZ9
Comiston Dr *EH10*	40	BB18	Cotlaws, K'lis. *EH29*	18	AB10	Craigleith Retail Pk *EH4*	23	AZ9
Comiston Gdns *EH10*	40	BC17	Cottage Grn *EH4*	21	AR7	Craigleith Ri *EH4*	23	AY11
Comiston Gro *EH10*	50	DC20	Cottage Homes *EH13*	49	AX21	Craigleith Rd *EH4*	23	AZ10
Comiston Pl *EH10*	40	BD17	Cottage La, Muss. *EH21*	30	CA14	Craigleith Vw *EH4*	23	AZ11
Comiston Ri *EH10*	50	BC20	Cottage Pk *EH4*	23	AW10	Craiglockhart Av *EH14*	39	AY17
Comiston Rd *EH10*	40	BC18	County Rd, Pres. *EH32*	16	CG10	Craiglockhart Bk *EH14*	39	AY18
Comiston Springs Av	50	BC20	County Sq, Pres. *EH32*	16	CG10	Craiglockhart Cres *EH14*	39	AY18
EH10			Couper St *EH6*	13	BH5	Craiglockhart Dell Rd	39	AY17
Comiston Ter *EH10*	40	BC17	Covenanters La, S Q'fry	6	AD2	*EH14*		
Comiston Vw *EH10*	50	BC20	*EH30*			Craiglockhart Dr N *EH14*	39	AY17
Commercial St *EH6*	13	BH5	Cowan Rd *EH11*	40	BA15	Craiglockhart Dr S *EH14*	39	AY19
Commercial Wf **1** *EH6*	14	BJ5	Cowan Ter, Pen. *EH26*	67	BB36	Craiglockhart Gdns *EH14*	39	AY17
Conference Sq *EH3*	4	BD12	Cowan's Cl *EH8*	5	BG13	Craiglockhart Gro *EH14*	39	AY19
Conifer Rd (Mayf.),	69	CA28	Cowden Cres, Dalk. *EH22*	55	BZ24	Craiglockhart Ln *EH14*	39	AY18
Dalk. *EH22*			Cowden Gro, Dalk. *EH22*	55	BZ24	Craiglockhart Pk *EH14*	39	AY18
Connaught Pl *EH6*	13	BF6	Cowden La, Dalk. *EH22*	55	BZ24	Craiglockhart Pl *EH14*	39	AZ17
Considine Gdns *EH8*	26	BL10	Cowden Pk, Dalk. *EH22*	55	BY24	Craiglockhart Quad *EH14*	39	AY18
Considine Ter *EH8*	26	BL10	Cowden Ter, Dalk. *EH22*	55	BZ24	Craiglockhart Rd *EH14*	39	AY19
Constitution Pl *EH6*	14	BJ5	Cowden Vw, Dalk. *EH22*	55	BZ24	Craiglockhart Rd N *EH14*	39	AZ17
Constitution St *EH6*	14	BJ7	Cowgate *EH1*	5	BF12	Craiglockhart Ter *EH14*	40	BA17
Convening Ct **1** *EH4*	4	BC11	Cowgatehead *EH1*	5	BF12	Craiglockhart Vw *EH14*	39	AZ17
Cook Cres (Mayf.),	63	BZ30	Cowpits Ford Rd, Muss.	29	BY16	Craigmillar Castle Av	42	BM16
Dalk. *EH22*			*EH21*			*EH16*		
Cookies Wynd **4**, Pres.	16	CG10	Cowpits Rd (White.),	45	BZ18	Craigmillar Castle Gdns	26	BM15
EH32			Muss. *EH21*			*EH16*		
Cooper's Cl **23** *EH8*	5	BH11	Coxfield *EH11*	39	AY15	Craigmillar Castle Ln *EH16*	26	BM15
Cope La (Port S.), Pres.	17	CM3	Craigcrook Av *EH4*	23	AW9	Craigmillar Castle Rd	42	BM16
EH32			Craigcrook Gdns *EH4*	23	AX10	*EH16*		
Corbiehill Av *EH4*	23	AW8	Craigcrook Gro *EH4*	23	AW10	Craigmillar Ct *EH16*	42	BL16
Corbiehill Cres *EH4*	22	AV8	Craigcrook Pk *EH4*	23	AW10	Craigmillar Pk *EH16*	41	BH16
Corbiehill Gdns *EH4*	23	AW8	Craigcrook Pl **3** *EH4*	23	AY9	Craigmount App *EH12*	22	AS12
Corbiehill Gro *EH4*	23	AW8	Craigcrook Rd *EH4*	23	AX10	Craigmount Av *EH12*	22	AS12
Corbiehill Pk *EH4*	22	AV8	Craigcrook Sq *EH4*	23	AW9	Craigmount Av N *EH12*	21	AR10
Corbiehill Pl *EH4*	22	AV8	Craigcrook Ter *EH4*	23	AX9	Craigmount Av N *EH12*	22	AS11
Corbiehill Rd *EH4*	22	AV8	Craigend Pk *EH16*	42	BL18	Craigmount Bk *EH4*	21	AR10
Corbiehill Ter *EH4*	22	AV8	Craigentinny Av *EH7*	27	BN10	Craigmount Bk W *EH4*	21	AR10
Corbieshot *EH15*	27	BR14	Craigentinny Av N *EH6*	14	BM7	Craigmount Brae *EH12*	21	AR10
Corbiewynd *EH15*	27	BR14	Craigentinny Cres *EH7*	27	BN10	Craigmount Ct *EH4*	21	AR10
Cornhill Ter *EH6*	14	BK7	Craigentinny Gro *EH7*	27	BN10	Craigmount Cres *EH12*	21	AR11

Name	Page	Grid
Craigmount Dr EH12	21	AR11
Craigmount Gdns EH12	21	AR12
Craigmount Gro EH12	21	AR12
Craigmount Gro N EH12	21	AR11
Craigmount Hill EH4	21	AR10
Craigmount Ln EH12	21	AR11
Craigmount Pk EH12	21	AR12
Craigmount Pl EH12	21	AR11
Craigmount Ter EH12	21	AR12
Craigmount Vw EH12	21	AR11
Craigmount Way EH12	22	AS10
Craigour Av EH17	43	BN19
Craigour Cres EH17	43	BN19
Craigour Dr EH17	42	BM18
Craigour Gdns EH17	43	BN19
Craigour Grn EH17	42	BM19
Craigour Gro EH17	43	BN19
Craigour Ln EH17	43	BN19
Craigour Pl EH17	42	BM19
Craigour Ter EH17	43	BN19
Craigpark Av (Ratho), Newbr. EH28	35	AE17
Craigpark Cres (Ratho), Newbr. EH28	35	AE17
Craigroyston Pl EH4	11	AW6
Craigs Av EH12	37	AR13
Craigs Bk EH12	21	AR12
Craigs Cres EH12	21	AR12
Craigs Dr EH12	21	AR12
Craigs Gdns EH12	21	AR12
Craigs Gro EH12	22	AS12
Craigs Ln EH12	22	AS12
Craigs Pk EH12	21	AR12
Craigs Rd EH12	21	AR12
Crame Ter, Dalk. EH22	54	BU25
Cramond Av EH4	9	AR5
Cramond Bk EH4	9	AR6
Cramond Br Cotts EH4	21	AP7
Cramond Brig Toll EH4	21	AP7
Cramond Cres EH4	9	AR6
Cramond Gdns EH4	9	AR6
Cramond Glebe Gdns EH4	10	AS5
Cramond Glebe Rd EH4	9	AR5
Cramond Glebe Ter EH4	9	AR5
Cramond Grn EH4	9	AR5
Cramond Gro EH4	9	AR6
Cramond New Br EH4	21	AP8
Cramond Pk EH4	9	AR6
Cramond Pl EH4	10	AS6
Cramond Regis EH4	21	AR7
Cramond Rd N EH4	10	AS5
Cramond Rd S EH4	10	AT6
Cramond Ter EH4	9	AR6
Cramond Vale EH4	9	AQ6
Cramond Village EH4	9	AQ5
Cranston St EH8	5	BG11
Cranston St, Pen. EH26	66	BA38
Crarae Av EH12	23	AZ11
Craufurdland EH4	21	AQ8
Crawford Br 12 EH7	14	BJ9
Crawford Rd EH16	41	BH16
Crawlees Cotts (Newt.), Dalk. EH22	63	BY29
Crawlees Cres (Mayf.), Dalk. EH22	69	CA29
Crescent, The EH10	40	BC17
Crescent, The (Gowks.), Gore. EH23	63	BY32
Crewe Bk EH5	12	BA6
Crewe Cres EH5	11	AZ6
Crewe Gro EH5	12	BA6
Crewe Ln EH5	11	AZ6
Crewe Path EH5	11	AZ6
Crewe Pl EH5	11	AZ6
Crewe Rd Gdns EH5	11	AZ6
Crewe Rd N EH5	11	AZ6
Crewe Rd S EH4	11	AZ7
Crewe Rd W EH5	11	AZ6
Crewe Ter EH5	11	AZ6
Crewe Toll EH4	11	AZ7
Crichton St EH8	5	BF12
Crichton's Cl 25 EH8	5	BH11
Crighton Pl EH7	25	BH8
Croall Pl EH7	25	BG9
Crockett Gdns, Pen. EH26	66	AZ38
Croft St, Dalk. EH22	55	BW24
Croft St, Pen. EH26	66	BA39
Croft-an-righ EH8	5	BH10
Cromwell Pl EH6	13	BH5
Crookston Ct (Inv.), Muss. EH21	30	CA15
Crookston Rd (Inv.), Muss. EH21	29	BZ15
Cross Cotts 2, Pres. EH32	16	CJ10
Cross Rd, Lnhd EH20	59	BH27
Crosswood Av, Bal. EH14	56	AK27
Crosswood Cres, Bal. EH14	56	AK27
Crown Ct, Tran. EH33	33	CM13
Crown Pl EH6	13	BH7
Crown St EH6	13	BH7
Cruachan Ct, Pen. EH26	67	BC37
Crusader Dr, Ros. EH25	65	BH32
Cuddies Ln 2 EH13	49	AW21
Cuddy La EH10	40	BC16
Cuguen Pl, Lass. EH18	53	BR26
Cuiken Av, Pen. EH26	66	BA37
Cuiken Bk, Pen. EH26	66	AZ37
Cuiken Br, Pen. EH26	67	BB37
Cuiken Ter, Pen. EH26	66	AZ37
Cuikenburn, Pen. EH26	66	BA36
Cultins Rd EH11	37	AR16
Cumberland St EH3	25	BE9
Cumberland St N E La EH3	25	BE9
Cumberland St N W La EH3	25	BE9
Cumberland St S E La EH3	25	BE9
Cumberland St S W La EH3	25	BE9
Cumin Pl EH9	41	BG14
Cumlodden Av EH12	23	AY11
Cumnor Cres EH16	42	BJ18
Cunningham Pl 4 EH6	13	BH7
Curriehill Castle Dr, Bal. EH14	46	AM23
Curriehill Rd, Currie EH14	47	AP22
Currievale Dr, Currie EH14	47	AP22
Currievale Pk, Currie EH14	47	AN23
Currievale Pk Gro, Currie EH14	47	AN23

D

Name	Page	Grid
Daiches Braes EH15	28	BS13
Daisy Ter 3 EH11	40	BA15
Dalgety Av EH7	14	BK9
Dalgety Rd EH7	14	BK9
Dalgety St EH7	26	BK10
Dalhousie Av, Bonny. EH19	61	BQ29
Dalhousie Av W, Bonny. EH19	61	BP29
Dalhousie Cres, Dalk. EH22	54	BV26
Dalhousie Dr, Bonny. EH19	61	BQ29
Dalhousie Gdns, Bonny. EH19	61	BQ29
Dalhousie Pl, Bonny. EH19	61	BP29
Dalhousie Rd, Dalk. EH22	54	BV25
Dalhousie Rd E, Bonny. EH19	61	BQ29
Dalhousie Rd W, Bonny. EH19	61	BQ29
Dalhousie Ter EH10	40	BC17
Dalkeith Rd EH16	5	BH13
Dalkeith St EH15	28	BS12
Dalkeith Western Bypass, Dalk. EH22	54	BT26
Dalkeith Western Bypass, Lass. EH18	54	BT24
Dalmahoy Cres, Bal. EH14	46	AK24
Dalmahoy Rd (Ratho), Newbr. EH28	35	AF17
Dalmeny Rd EH6	13	BF6
Dalmeny St EH6	25	BH8
Dalry Pl EH11	4	BC12
Dalry Rd EH11	24	BB12
Dalrymple Cres EH9	41	BG15
Dalrymple Cres, Muss. EH21	29	BW13
Dalrymple Ln, Muss. EH21	29	BY13
Dalton Ct (Mayf.), Dalk. EH22	69	CA30
Dalum Ct, Lnhd EH20	52	BJ27
Dalum Dr, Lnhd EH20	52	BJ27
Dalum Gro, Lnhd EH20	52	BJ27
Dalum Ln, Lnhd EH20	52	BJ27
Dalziel Pl 5 EH7	26	BJ10
Damhead Holdings EH10	59	BF27
Damside EH4	24	BB11
Danderhall Cres (Dand.), Dalk. EH22	43	BR20
Dania Ct EH11	38	AV15
Danube St EH4	4	BC10
D'Arcy Cres (Mayf.), Dalk. EH22	69	CB28
D'Arcy Rd (Mayf.), Dalk. EH22	69	CA29
D'Arcy Ter (Mayf.), Dalk. EH22	69	CA28
Darnaway St EH3	4	BD10
Darnell Rd EH5	12	BC6
David Scott Av (Mayf.), Dalk. EH22	69	CA28
Davidson Gdns EH4	23	AW8
Davidson Pk EH4	23	AZ8
Davidson Rd EH4	23	AZ8
Davie St EH8	5	BG12
Davies Row EH12	22	AT13
De Quincey Path, Lass. EH18	61	BN29
De Quincey Rd, Lass. EH18	61	BN29
Dean Bk La EH3	24	BD9
Dean Br EH3	4	BC10
Dean Br EH4	4	BC10
Dean Pk (Newt.), Dalk. EH22	63	BW30
Dean Pk Cres EH4	4	BC10
Dean Pk Ms EH4	24	BC9
Dean Pk Pl (Newt.), Dalk. EH22	63	BW30
Dean Pk St EH4	24	BC9
Dean Path EH4	24	BB10
Dean Path Bldgs 2 EH4	4	BC11
Dean Rd, Pen. EH26	66	AZ37
Dean Rd, Pen. EH26	66	AZ37
Dean St EH4	24	BC9
Dean Ter EH4	4	BC10
Deanbank Pl, Gore. EH23	68	BZ36
Deanburn, Pen. EH26	66	BA36
Deanery Cl 11 EH7	26	BL10
Deanhaugh St EH4	24	BD9
Deanpark Av, Bal. EH14	56	AK26
Deanpark Bk, Bal. EH14	56	AL26

Deanpark Brae, Bal. *EH14*	56	AL26
Deanpark Ct, Bal. *EH14*	56	AK27
Deanpark Ct **1** (Newt.), Dalk. *EH22*	63	BW30
Deanpark Cres, Bal. *EH14*	56	AL26
Deanpark Gdns, Bal. *EH14*	56	AL26
Deanpark Gro, Bal. *EH14*	56	AL26
Deanpark Pl, Bal. *EH14*	56	AL26
Deanpark Sq, Bal. *EH14*	56	AL26
Dechmont Rd *EH12*	21	AQ12
Delhaig *EH11*	39	AY15
Dell Rd *EH13*	49	AX20
Delta Av, Muss. *EH21*	30	CC14
Delta Cres, Muss. *EH21*	30	CC14
Delta Dr, Muss. *EH21*	30	CC13
Delta Gdns, Muss. *EH21*	30	CC14
Delta Pl (Inv.), Muss. *EH21*	29	BZ15
Delta Rd, Muss. *EH21*	30	CC14
Delta Vw, Muss. *EH21*	30	CC13
Denham Grn Av *EH5*	12	BD6
Denham Grn Pl *EH5*	12	BD6
Denham Grn Ter *EH5*	12	BD6
Denholm Av, Muss. *EH21*	28	BV15
Denholm Dr, Muss. *EH21*	29	BW15
Denholm Rd, Muss. *EH21*	28	BV14
Denholm Way, Muss. *EH21*	28	BV15
Dequincey Wk **11**, Tran. *EH33*	33	CL14
Derby St *EH6*	13	BF5
Devon Pl *EH12*	24	BB12
Dewar Pl *EH3*	4	BC12
Dewar Pl La *EH3*	4	BC12
Dick Pl *EH9*	41	BF15
Dick Ter, Pen. *EH26*	67	BB37
Dickson Gro **6**, Bonny. *EH19*	62	BS29
Dickson St *EH6*	25	BH8
Dicksonfield *EH7*	25	BG9
Dickson's Cl **31** *EH1*	5	BG11
Dinmont Dr *EH16*	42	BK18
Distillery La *EH11*	24	BB12
Dobbie's Rd, Bonny. *EH19*	61	BQ28
Dobbie's Rd, Lass. *EH18*	61	BQ28
Dochart Dr *EH4*	22	AS10
Dock Pl *EH6*	13	BH5
Dock St *EH6*	13	BH5
Dolphin Av, Currie *EH14*	47	AP23
Dolphin Gdns E, Currie *EH14*	47	AP23
Dolphin Gdns W, Currie *EH14*	47	AP23
Dolphin Rd, Currie *EH14*	47	AN24
Doo'Cot Pl **1**, Pres. *EH32*	32	CJ11
Dorset Pl *EH11*	40	BC14
Double Dykes (Inv.), Muss. *EH21*	29	BZ15
Double Hedges Pk *EH16*	42	BJ18
Double Hedges Rd *EH16*	42	BJ18
Dougall Ct (Mayf.), Dalk. *EH22*	63	BZ30
Dougall Pl (Mayf.), Dalk. *EH22*	63	BZ30
Dougall Rd **3** (Mayf.), Dalk. *EH22*	63	BZ30
Douglas Cres *EH12*	24	BB11
Douglas Cres, Bonny. *EH19*	61	BR28
Douglas Gdns *EH4*	24	BB11
Douglas Gdns Ms **3** *EH4*	24	BB11
Douglas Ter **13** *EH11*	4	BC12
Doune Ter *EH3*	4	BD10
Dovecot Brae, Tran. *EH33*	33	CL12
Dovecot Gro *EH14*	39	AW18
Dovecot Ln *EH14*	39	AW18
Dovecot Pk *EH14*	39	AW19
Dovecot Rd *EH12*	38	AT14
Dowie's Mill Cotts *EH4*	21	AP7
Dowie's Mill La *EH4*	21	AP7
Downfield Pl *EH11*	24	BB13
Downie Gro *EH12*	22	AV13
Downie Pl, Muss. *EH21*	29	BY13
Downie Ter *EH12*	22	AV13
Downing Ct, Ros. *EH25*	60	BJ32
Dreghorn Av *EH13*	50	BA22
Dreghorn Cotts *EH13*	49	AZ22
Dreghorn Dr *EH13*	50	BA22
Dreghorn Gdns *EH13*	50	BA21
Dreghorn Gro *EH13*	50	BA22
Dreghorn Junct *EH10*	50	BA23
Dreghorn Junct *EH13*	50	BA23
Dreghorn Link *EH13*	50	BA22
Dreghorn Ln *EH13*	49	AX21
Dreghorn Pk *EH13*	49	AZ21
Dreghorn Pl *EH13*	50	BA22
Drum Av *EH17*	43	BN21
Drum Brae Av *EH12*	22	AS11
Drum Brae Cres *EH4*	22	AS10
Drum Brae Dr *EH4*	22	AT10
Drum Brae Gdns *EH12*	22	AS11
Drum Brae Gro *EH4*	22	AS10
Drum Brae Neuk *EH12*	22	AS11
Drum Brae N *EH4*	21	AR9
Drum Brae Pk *EH12*	22	AS11
Drum Brae Pk App *EH12*	22	AS11
Drum Brae Pl *EH12*	22	AS11
Drum Brae S *EH12*	22	AS10
Drum Brae Ter *EH4*	22	AS10
Drum Brae Wk *EH4*	22	AS10
Drum Cotts *EH17*	53	BP22
Drum Cres *EH17*	43	BP21
Drum Pl *EH17*	43	BP21
Drum St *EH17*	43	BN21
Drum Ter *EH7*	14	BJ9
Drum Vw Av (Dand.), Dalk. *EH22*	43	BR20
Drumdryan St *EH3*	4	BD13
Drummohr Av (Wall.), Muss. *EH21*	30	CC14
Drummohr Gdns (Wall.), Muss. *EH21*	31	CD14
Drummond Pl *EH3*	25	BE9
Drummond St *EH8*	5	BG12
Drummore Dr, Pres. *EH32*	32	CG11
Drumsheugh Gdns *EH3*	4	BC11
Drumsheugh Pl **11** *EH3*	4	BC11
Dryden Av, Lnhd *EH20*	60	BJ28
Dryden Cres, Lnhd *EH20*	60	BJ28
Dryden Gdns *EH7*	25	BG8
Dryden Glen, Lnhd *EH20*	59	BH28
Dryden Gro, Ros. *EH25*	60	BJ31
Dryden Ln, Lnhd *EH20*	59	BH29
Dryden Pl *EH9*	41	BH14
Dryden Rd, Lnhd *EH20*	59	BH28
Dryden St *EH7*	25	BG8
Dryden Ter *EH7*	25	BG8
Dryden Ter, Lnhd *EH20*	60	BJ28
Dryden Vale, Lnhd *EH20*	59	BH28
Dryden Vw, Lnhd *EH20*	60	BJ28
Drylaw Av *EH4*	23	AY9
Drylaw Cres *EH4*	23	AX9
Drylaw Gdns *EH4*	23	AX8
Drylaw Grn *EH4*	23	AX9
Drylaw Gro *EH4*	23	AX9
Drylaw Ho Gdns *EH4*	23	AX8
Drylaw Ho Paddock *EH4*	23	AX8
Duart Cres *EH4*	22	AS10
Dublin Meuse *EH3*	5	BF10
Dublin St *EH1*	25	BF9
Dublin St *EH3*	25	BF9
Dublin St La N *EH3*	25	BF9
Dublin St La S *EH1*	5	BF10
Duddingston Av *EH15*	27	BN13
Duddingston Cres *EH15*	27	BQ13
Duddingston Gdns N *EH15*	27	BP12
Duddingston Gdns S *EH15*	27	BP13
Duddingston Gro E *EH15*	27	BP12
Duddingston Gro W *EH15*	27	BP13
Duddingston Ln *EH15*	27	BN12
Duddingston Mains Cotts *EH15*	27	BR13
Duddingston Mills *EH8*	27	BN12
Duddingston Pk *EH15*	27	BQ12
Duddingston Pk S *EH15*	27	BQ13
Duddingston Ri *EH15*	27	BP13
Duddingston Rd *EH15*	27	BN12
Duddingston Rd W *EH15*	26	BM13
Duddingston Rd W *EH16*	26	BM14
Duddingston Row *EH15*	27	BP13
Duddingston Sq E *EH15*	27	BP12
Duddingston Sq W *EH15*	27	BP12
Duddingston Vw *EH15*	27	BP13
Duddingston Yards **1** *EH15*	27	BQ14
Dudgeon Pl, K'lis. *EH29*	18	AD9
Dudley Av *EH6*	13	BF5
Dudley Av S *EH6*	13	BG6
Dudley Bk *EH6*	13	BF5
Dudley Cres *EH6*	13	BF5
Dudley Gdns *EH6*	13	BF5
Dudley Gro *EH6*	13	BF5
Dudley Ter *EH6*	13	BF5
Duff Rd *EH11*	24	BB13
Duff St *EH11*	24	BB13
Duff St La *EH11*	24	BB13
Duke Pl *EH6*	14	BJ7
Duke St *EH6*	14	BJ7
Duke St, Dalk. *EH22*	55	BW24
Duke's Wk *EH8*	26	BK11
Dumbeg Pk *EH14*	38	AT19
Dumbiedykes Rd *EH8*	5	BH12
Dumbryden Dr *EH14*	38	AU18
Dumbryden Gdns *EH14*	38	AU17
Dumbryden Gro *EH14*	38	AU18
Dumbryden Rd *EH14*	38	AV18
Dun-ard Gdn *EH9*	41	BF16
Dunbar St *EH3*	4	BD12
Duncan Gdns, Tran. *EH33*	33	CL12
Duncan Pl *EH6*	14	BJ7
Duncan St *EH9*	41	BG15
Duncans Gait *EH14*	38	AV17
Dundas Av, S Q'fry *EH30*	7	AE3
Dundas Cres, Dalk. *EH22*	54	BU26
Dundas Gdns, Gore. *EH23*	68	BX34
Dundas Gro, Dalk. *EH22*	54	BU25
Dundas Pk, Bonny. *EH19*	54	BS28
Dundas Pl, K'lis. *EH29*	18	AD9
Dundas Rd, Dalk. *EH22*	54	BU25
Dundas St *EH3*	25	BE9
Dundas St, Bonny. *EH19*	61	BR28
Dundee St *EH11*	24	BB13
Dundee Ter *EH11*	40	BB14
Dundonald St *EH3*	25	BE9
Dundrennan Cotts *EH16*	42	BL17
Dunedin St *EH7*	25	BF8
Dunlop Ter, Pen. *EH26*	67	BC38
Dunlop's Ct **12** *EH1*	4	BE12
Dunollie Ct **8** *EH12*	21	AR12
Dunrobin Pl *EH3*	24	BD9
Dunsmuir Ct *EH12*	22	AT13
Dunsyre Ho *EH11*	38	AS18
Dunvegan Ct *EH4*	21	AR7
Durar Dr *EH4*	22	AS11
Durham Av *EH15*	27	BP12
Durham Bk, Bonny. *EH19*	62	BS29
Durham Dr *EH15*	27	BQ13
Durham Gdns N *EH15*	27	BQ12
Durham Gdns S *EH15*	27	BQ13
Durham Gro *EH15*	27	BQ12

Name	Page	Grid
Durham Gro, Bonny. *EH19*	62	BS29
Durham Pl, Bonny. *EH19*	61	BR29
Durham Pl E *EH15*	27	BQ12
Durham Pl La *EH15*	27	BQ12
Durham Pl W *EH15*	27	BP12
Durham Rd *EH15*	27	BQ12
Durham Rd S *EH15*	27	BQ13
Durham Sq *EH15*	27	BP12
Durham Ter *EH15*	27	BQ12
Durward Gro *EH16*	42	BK17
Dykes Rd, Pen. *EH26*	66	BA36

E

Name	Page	Grid
Earl Grey St *EH3*	4	BD12
Earl Haig Gdns *EH5*	12	BD6
Earl Haig Homes *EH11*	39	AW15
Earlston Pl *EH7*	26	BJ10
East Adam St *EH8*	5	BG12
East Barnton Av *EH4*	10	AU7
East Barnton Gdns *EH4*	22	AU8
East Brighton Cres *EH15*	27	BQ11
East Broughton Pl **4** *EH1*	25	BF9
East Caiystane Pl *EH10*	50	BC22
East Caiystane Rd *EH10*	50	BD22
East Camus Pl *EH10*	50	BC21
East Camus Rd *EH10*	50	BC21
East Castle Rd *EH10*	40	BC14
East Champanyie *EH9*	41	BG16
East Clapperfield *EH16*	42	BJ18
East Claremont St *EH7*	25	BF9
East Comiston *EH10*	50	BC21
East Ct **2** *EH4*	23	AY10
East Ct *EH16*	43	BP16
East Craigs Rigg *EH12*	21	AQ12
East Cft (Ratho), Newbr. *EH28*	35	AG17
East Cromwell St *EH6*	13	BH5
East Crosscauseway *EH8*	5	BG13
East Fm of Gilmerton *EH17*	43	BN21
East Fettes Av *EH4*	24	BB8
East Fountainbridge *EH3*	4	BD12
East Hannahfield, Bal. *EH14*	56	AJ25
East Hermitage Pl *EH6*	14	BJ7
East Kilngate Pl *EH17*	52	BM22
East Kilngate Rigg *EH17*	52	BM22
East Kilngate Wynd *EH17*	52	BM22
East Lillypot *EH5*	12	BD6
East Ln, Pres. *EH32*	16	CH9
East London St *EH7*	25	BF9
East Lorimer Pl **3** (Cock.), Pres. *EH32*	17	CL7
East Mkt St *EH8*	5	BF11
East Mayfield *EH9*	41	BH15
East Montgomery Pl *EH7*	25	BH9
East Newington Pl *EH9*	41	BG14
East Norton Pl *EH7*	5	BH10
East Parkside *EH16*	5	BH13
East Preston St *EH8*	41	BG14
East Preston St La **3** *EH8*	41	BG14
East Queensway, Pen. *EH26*	67	BB36
East Restalrig Ter *EH6*	14	BK7
East Savile Rd *EH16*	41	BH15
East Sciennes St *EH9*	41	BG14
East Scotland St La *EH3*	25	BF9
East Sea Side **2**, Pres. *EH32*	16	CH9
East Silvermills La *EH3*	24	BD9
East Suffolk Rd *EH16*	42	BJ16
East Telferton *EH7*	27	BP10
East Ter **4**, S Q'fry *EH30*	7	AE2
East Trinity Rd *EH5*	12	BD6
East Way, The *EH8*	27	BN11
East Werberside *EH4*	12	BA7
East Werberside Pl *EH4*	12	BA7
Easter Auchendinny Br, Pen. *EH26*	65	BE35
Easter Belmont Rd *EH12*	23	AX12
Easter Currie Ct, Currie *EH14*	47	AQ23
Easter Currie Cres, Currie *EH14*	47	AQ22
Easter Currie Pl, Currie *EH14*	47	AQ22
Easter Currie Ter, Currie *EH14*	47	AQ23
Easter Dalry Dr *EH11*	24	BB13
Easter Dalry Pl **2** *EH11*	24	BB12
Easter Dalry Rigg **8** *EH11*	24	BB13
Easter Dalry Rd *EH11*	24	BB12
Easter Dalry Wynd *EH11*	24	BB12
Easter Drylaw Av *EH4*	23	AY8
Easter Drylaw Bk *EH4*	11	AY7
Easter Drylaw Dr *EH4*	23	AZ8
Easter Drylaw Gdns *EH4*	23	AY8
Easter Drylaw Gro *EH4*	23	AY8
Easter Drylaw Ln *EH4*	11	AY7
Easter Drylaw Pl *EH4*	23	AY8
Easter Drylaw Vw *EH4*	11	AY7
Easter Drylaw Way *EH4*	23	AY8
Easter Haugh *EH13*	50	BA20
Easter Hermitage *EH6*	14	BK8
Easter Pk Dr *EH4*	10	AU7
Easter Pk Ho **5** *EH4*	10	AU7
Easter Rd *EH6*	14	BJ8
Easter Rd *EH7*	25	BH9
Easter Steil *EH10*	40	BB18
Easter Warriston *EH7*	13	BE7
Eastfield *EH15*	28	BV12
Eastfield Dr, Pen. *EH26*	67	BB37
Eastfield Fm Rd, Pen. *EH26*	67	BB36
Eastfield Gdns *EH15*	28	BU12
Eastfield Ind Est, Pen. *EH26*	67	BB37
Eastfield Pk Rd, Pen. *EH26*	67	BB37
Eastfield Pl *EH15*	28	BV12
Eastfield Rd, Newbr. *EH28*	20	AJ12
Easthouses Ct, Dalk. *EH22*	55	BY27
Easthouses Ind Est (Easth.), Dalk. *EH22*	55	BZ27
Easthouses Pl **2** (Easth.), Dalk. *EH22*	55	BY26
Easthouses Rd (Easth.), Dalk. *EH22*	55	BY26
Easthouses Way (Easth.), Dalk. *EH22*	55	BY26
Echline **2**, S Q'fry *EH30*	6	AB3
Echline Av, S Q'fry *EH30*	6	AB2
Echline Dr, S Q'fry *EH30*	6	AB3
Echline Gdns, S Q'fry *EH30*	6	AB2
Echline Grn, S Q'fry *EH30*	6	AB2
Echline Gro, S Q'fry *EH30*	6	AC2
Echline Pk, S Q'fry *EH30*	6	AB3
Echline Pl, S Q'fry *EH30*	6	AC3
Echline Rigg, S Q'fry *EH30*	6	AC2
Echline Steadings **1**, S Q'fry *EH30*	6	AB3
Echline Ter, S Q'fry *EH30*	6	AC3
Echline Vw, S Q'fry *EH30*	6	AC3
Eden La *EH10*	40	BD16
Eden Ter **1** *EH10*	40	BD16
Edenhall Bk, Muss. *EH21*	30	CA14
Edenhall Cres, Muss. *EH21*	30	CA14
Edenhall Rd, Muss. *EH21*	30	CA14
Edgefield Ind Est, Lnhd *EH20*	52	BL26
Edgefield Pl, Lnhd *EH20*	52	BL27
Edgefield Rd, Lnhd *EH20*	52	BL27
Edina Pl *EH7*	25	BH9
Edina St *EH7*	25	BH9
Edinburgh Airport *EH12*	20	AK11
Edinburgh Dock *EH6*	14	BK5
Edinburgh Pk *EH12*	37	AP14
Edinburgh Pk Business Est *EH12*	37	AQ15
Edinburgh Rd, Dalk. *EH22*	55	BW24
Edinburgh Rd, Muss. *EH21*	28	BV12
Edinburgh Rd, Newbr. *EH28*	34	AB13
Edinburgh Rd, Pen. *EH26*	67	BB36
Edinburgh Rd (Cock.), Pres. *EH32*	16	CK8
Edinburgh Rd, S Q'fry *EH30*	7	AE2
Edinburgh Rd, Tran. *EH33*	32	CK13
Edmonstone Av (Dand.), Dalk. *EH22*	43	BR19
Edmonstone Dr (Dand.), Dalk. *EH22*	43	BR19
Edmonstone Rd (Dand.), Dalk. *EH22*	43	BQ19
Edmonstone Ter (Dand.), Dalk. *EH22*	43	BR19
Eglinton Cres *EH12*	24	BB12
Eglinton St **10** *EH12*	24	BA12
Egypt Ms *EH1*	41	BE16
Eighth St (Newt.), Dalk. *EH22*	63	BX30
Eildon St *EH3*	25	BE8
Eildon Ter *EH3*	24	BD8
Elbe St *EH6*	14	BJ6
Elcho Pl **2** (Port S.), Pres. *EH32*	17	CL7
Elcho Ter *EH15*	28	BS11
Elder St *EH1*	5	BF10
Elder St, Tran. *EH33*	33	CL12
Elder St E **5** *EH1*	5	BF10
Eldin Ind Est, Lnhd *EH20*	52	BL25
Eldindean Pl, Bonny. *EH19*	53	BR27
Eldindean Rd, Bonny. *EH19*	53	BR27
Eldindean Ter, Bonny. *EH19*	53	BR27
Electra Pl **2** *EH15*	27	BQ10
Elgin Pl *EH12*	24	BB12
Elgin St *EH7*	25	BH9
Elgin St N *EH7*	25	BH9
Elgin Ter *EH7*	25	BH9
Elizafield *EH6*	13	BG7
Ellangowan Ter *EH16*	42	BL18
Ellen's Glen Ln *EH17*	42	BL20
Ellen's Glen Rd *EH17*	42	BL20
Ellersly Rd *EH12*	23	AX12
Elliot Gdns *EH14*	39	AY19
Elliot Pk *EH14*	39	AY19
Elliot Pl *EH14*	39	AY19
Elliot Rd *EH14*	39	AY19
Elliot St *EH7*	25	BH9
Elm Pl **2** *EH6*	14	BK7
Elm Pl (Mayf.), Dalk. *EH22*	63	BZ29
Elm Row *EH7*	25	BG9
Elm Row, Lass. *EH18*	53	BQ26
Elmfield Ct, Dalk. *EH22*	55	BW24
Elmfield Pk, Dalk. *EH22*	55	BW24
Elmfield Rd, Dalk. *EH22*	55	BW24
Elmwood Ter *EH6*	14	BK7
Elphinstone Ct **2**, Tran. *EH33*	33	CL13
Elphinstone Rd, Tran. *EH33*	32	CK15
Elphinstone Wk **6** *EH33*	33	CL14
Eltringham Gdns *EH14*	39	AY15
Eltringham Gro *EH14*	39	AY15

Street	Page	Grid	Street	Page	Grid	Street	Page	Grid
Eltringham Ter *EH14*	39	AY15	Fairbrae *EH11*	38	AV16	Ferry Rd Dr *EH4*	11	AZ6
Emily Ct **1**, Gore. *EH23*	68	BY34	Fairford Gdns *EH16*	42	BK18	Ferry Rd Gdns *EH4*	11	AY7
Emily Pl, Gore. *EH23*	68	BY34	Fairhaven Vil **1**, Dalk. *EH22*	54	BU26	Ferry Rd Gro *EH4*	11	AY7
Engine Rd, Dalk. *EH23*	68	BX34	Fairmile Av *EH10*	50	BD21	Ferry Rd Pl *EH4*	11	AY7
Engine Rd, Lnhd *EH20*	52	BL27	Fairview Rd, Newbr. *EH28*	19	AH12	Ferryburn **1**, S Q'fry *EH30*	7	AE3
Esdaile Bk *EH9*	41	BF15	Fairways (Monk.), Muss.	29	BX16	Ferryburn Grn, S Q'fry *EH30*	7	AE3
Esdaile Gdns *EH9*	41	BF15	*EH21*					
Esdaile Pk **2** *EH9*	41	BF15	Fala Ct *EH16*	42	BK21	Ferryfield *EH5*	12	BB7
Esk Br, Pen. *EH26*	67	BD38	Falcon Av *EH10*	40	BD16	Ferrymuir Gait, S Q'fry	6	AD3
Esk Glades, Dalk. *EH22*	55	BW24	Falcon Ct *EH10*	40	BD16	*EH30*		
Esk Pl, Dalk. *EH22*	54	BV24	Falcon Gdns *EH10*	40	BD15	Ferrymuir La, S Q'fry *EH30*	6	AD3
Eskbank Ct, Dalk. *EH22*	54	BV23	Falcon Rd *EH10*	40	BD16	Ferrymuir Rd, S Q'fry *EH30*	6	AD3
Eskbank Rd, Bonny. *EH19*	54	BS27	Falcon Rd W *EH10*	40	BD16	Festival Sq **7** *EH3*	4	BD12
Eskbank Rd, Dalk. *EH22*	54	BV25	Falkland Gdns *EH12*	22	AU10	Fetteresk Cotts, Pen. *EH26*	66	BA39
Eskbank Ter, Dalk. *EH22*	54	BV25	Farm Av, Lass. *EH18*	61	BP29	Fettes Av *EH4*	24	BB9
Eskbank Toll, Dalk. *EH22*	54	BV25	Farquhar Ter, S Q'fry *EH30*	6	AC2	Fettes Ri *EH4*	12	BB7
Eskdaill Ct **4**, Dalk. *EH22*	55	BW24	Farrer Gro *EH7*	27	BN10	Fettes Row *EH3*	25	BE9
Eskdaill St, Dalk. *EH22*	55	BW24	Farrer Ter *EH7*	27	BN10	Fidra Ct *EH4*	11	AW6
Eskdale Ct, Bonny. *EH19*	61	BQ28	Fa'side Av **9**, Tran. *EH33*	33	CM14	Fifth St (Newt.), Dalk.	63	BW30
Eskdale Dr, Bonny. *EH19*	61	BQ28	Fa'side Av Ct (Wall.),	31	CD15	*EH22*		
Eskdale Ms, Muss. *EH21*	29	BY13	Muss. *EH21*			Figgate Bk *EH15*	27	BR10
Eskdale Ter, Bonny. *EH19*	61	BQ28	Fa'side Av N (Wall.),	31	CD15	Figgate La *EH15*	27	BR10
Eskfield Gro, Dalk. *EH22*	54	BT25	Muss. *EH21*			Figgate St *EH15*	27	BQ10
Eskgrove Dr (Bils.), Ros.	59	BG29	Fa'side Av S (Wall.),	31	CD15	Fillyside Av *EH7*	15	BN9
EH25			Muss. *EH21*			Fillyside Rd *EH7*	15	BN8
Eskhill, Pen. *EH26*	67	BB38	Fa'side Bldgs (Wall.),	31	CD15	Fillyside Ter *EH7*	15	BN8
Eskmill Ind Est, Pen. *EH26*	67	BC38	Muss. *EH21*			Findhorn Pl *EH9*	41	BG14
Eskmill Rd, Pen. *EH26*	67	BC38	Fa'side Cres (Wall.),	31	CD15	Findlay Av *EH7*	14	BL8
Eskmill Vil, Muss. *EH21*	29	BX14	Muss. *EH21*			Findlay Cotts *EH7*	14	BL8
Eskmills Pk, Muss. *EH21*	29	BX14	Fa'side Cres **10**, Tran. *EH33*	33	CM14	Findlay Gdns *EH7*	14	BL8
Eskside Ct, Dalk. *EH22*	54	BV23	Fa'side Dr (Wall.), Muss.	31	CD15	Findlay Gro *EH7*	14	BL8
Eskside E, Muss. *EH21*	29	BY13	*EH21*			Findlay Medway *EH7*	14	BL8
Eskside W, Muss. *EH21*	29	BX13	Fa'side Gdns (Wall.),	31	CD15	Fingal Pl *EH9*	41	BF14
Eskvale Ct, Pen. *EH26*	67	BC38	Muss. *EH21*			Fingzies Pl **3** *EH6*	14	BK7
Eskvale Cres, Pen. *EH26*	67	BC38	Fa'side Rd, Tran. *EH33*	33	CM14	Finlaggan Ct **2** *EH12*	21	AQ11
Eskvale Dr, Pen. *EH26*	67	BC37	Fa'side Ter (Wall.), Muss.	31	CD15	Finlay Pl (Mayf.), Dalk.	69	CB29
Eskvale Vw, Pen. *EH26*	67	BC37	*EH21*			*EH22*		
Eskview Av, Muss. *EH21*	29	BX14	Fa'side Vw, Tran. *EH33*	32	CK15	Fir Vw **3**, Lnhd *EH20*	59	BH28
Eskview Cres, Muss. *EH21*	29	BX14	Fauldburn *EH12*	21	AR10	Firrhill Cres *EH13*	39	AZ19
Eskview Gro, Dalk. *EH22*	54	BV24	Fauldburn Pk *EH12*	21	AR10	Firrhill Dr *FH13*	50	BA20
Eskview Gro, Muss. *EH21*	29	BX14	Featherhall Av *EH12*	22	AT13	Firrhill Ln *EH13*	50	BA20
Eskview Rd (Mayf.), Dalk.	63	BZ29	Featherhall Cres **1** *EH12*	22	AS13	First Gait (Ricc.), Currie	47	AN19
EH22			Featherhall Cres N *EH12*	22	AS13	*EH14*		
Eskview Rd, Muss. *EH21*	29	BX14	Featherhall Cres S *EH12*	22	AS13	First St (Newt.), Dalk.	63	BX31
Eskview Ter, Muss. *EH21*	29	BX14	Featherhall Gro *EH12*	22	AT13	*EH22*		
Eskview Vil, Dalk. *EH22*	54	BU25	Featherhall Pl *EH12*	22	AT13	Firth Br, Ros. *EH25*	65	BF35
Esplanade *EH1*	4	BE12	Featherhall Rd *EH12*	22	AT13	Firth Cres (Auch.), Pen.	65	BF34
Esplanade *EH4*	4	BE12	Featherhall Ter *EH12*	22	AT13	*EH26*		
Esplanade Ter *EH15*	28	BT11	Ferguson Ct, Muss. *EH21*	29	BY16	Firth Rd (Auch.), Pen.	65	BF34
Essendean Pl *EH4*	22	AT10	Ferguson Dr, Muss. *EH21*	29	BX16	*EH26*		
Essendean Ter *EH4*	22	AT10	Ferguson Gdns, Muss.	29	BY16	Fishergate Rd (Port S.),	17	CN8
Essex Brae *EH4*	21	AQ7	*EH21*			Pres. *EH32*		
Essex Pk *EH4*	21	AQ7	Ferguson Grn, Muss. *EH21*	29	BX16	Fisherrow Ind Est, Muss.	29	BW13
Essex Rd *EH4*	21	AQ7	Ferguson Vw, Muss. *EH21*	29	BX16	*EH21*		
Esslemont Rd *EH16*	41	BH17	Ferguson Way (Newt.),	63	BX31	Fishers Rd (Port S.), Pres.	17	CM7
Ethel Ter *EH10*	40	BC17	Dalk. *EH22*			*EH32*		
Eton Ter *EH4*	4	BC10	Ferniehill Av *EH17*	43	BN21	Fishers Wynd, Muss. *EH21*	29	BX13
Ettrick Gro *EH10*	40	BC14	Ferniehill Dr *EH17*	43	BN21	Fishmarket Sq **2** *EH6*	13	BF4
Ettrick Ln *EH10*	40	BB15	Ferniehill Gdns *EH17*	43	BP20	Fishwives' Causeway *EH7*	27	BN10
Ettrick Rd *EH10*	40	BB15	Ferniehill Gro **1** *EH17*	43	BP20	Fishwives' Causeway	27	BQ10
Ettrickdale Pl *EH3*	24	BD8	Ferniehill Pl *EH17*	43	BN21	*EH15*		
Eva Pl *EH9*	41	BG17	Ferniehill Rd *EH17*	43	BP20	Flasshes Yd *EH12*	38	AS15
Evans Gdns, Bonny. *EH19*	54	BT27	Ferniehill Sq *EH17*	43	BN21	Fleets Gro, Tran. *EH33*	33	CM15
Evelyn Ter (Auch.), Pen.	65	BE34	Ferniehill St *EH17*	43	BN20	Fleets Ind Est, Tran. *EH33*	33	CL16
EH26			Ferniehill Ter *EH17*	43	BN21	Fleets Rd, Tran. *EH33*	33	CL14
Ewerland *EH4*	21	AQ7	Ferniehill Way *EH17*	43	BP20	Fleets Vw, Tran. *EH33*	33	CM15
Ewing St, Pen. *EH26*	67	BB36	Fernielaw Av *EH13*	49	AW22	Fleshmarket Cl **13** *EH1*	5	BF11
Eyre Cres *EH3*	25	BE9	Fernieside Av *EH17*	43	BN20	Fletcher Gro, Pen. *EH26*	64	BB35
Eyre Pl *EH3*	25	BE9	Fernieside Cres *EH17*	43	BN20	Flotterstone Br, Pen. *EH26*	64	BA33
Eyre Ter *EH3*	25	BE9	Fernieside Dr *EH17*	43	BN20	Forbes Rd *EH10*	40	BD15
			Fernieside Gdns *EH17*	43	BN20	Forbes St *EH8*	5	BG13
			Fernieside Gro *EH17*	43	BN20	Ford's Rd *EH11*	39	AX15
F			Ferry Rd *EH4*	11	AY7	Forester's Vw, Tran. *EH33*	33	CM13
Fair-a-Far *EH4*	9	AR6	Ferry Rd **5**	12	BB7	Forres St *EH3*	4	BD10
Fair-a-Far Cotts *EH4*	9	AR6	Ferry Rd **6**	12	BD6	Forrest Hill *EH1*	5	BF12
Fair-a-Far Shot *EH4*	9	AR6	Ferry Rd Av *EH4*	11	AZ7	Forrest Rd *EH1*	5	BF12

Name	Page	Grid
Forrester Pk Av *EH12*	38	AT15
Forrester Pk Dr *EH12*	38	AT15
Forrester Pk Gdns *EH12*	38	AT15
Forrester Pk Grn *EH12*	38	AU15
Forrester Pk Gro *EH12*	38	AT15
Forrester Pk Ln *EH12*	38	AT15
Forrester Rd *EH12*	22	AT12
Fort Ho *EH6*	13	BG5
Fort Kinnaird Shop Cen *EH15*	28	BS15
Forteviot Ho *EH17*	42	BM19
Forth Ct (Port S.), Pres. *EH32*	17	CN7
Forth Gdns (Port S.), Pres. *EH32*	17	CN7
Forth Gro (Port S.), Pres. *EH32*	17	CN7
Forth Ind Est *EH5*	12	BA4
Forth Pk (Dalm.), S Q'fry *EH30*	7	AG3
Forth Pl, S Q'fry *EH30*	6	AB2
Forth St *EH1*	5	BF10
Forth Ter (Dalm.), S Q'fry *EH30*	7	AF3
Forth Vw Av, Currie *EH14*	47	AP23
Forth Vw Cres, Currie *EH14*	47	AP22
Forth Vw Cres (Dand.), Dalk. *EH22*	43	BR19
Forth Vw Rd, Currie *EH14*	47	AP23
Forth Wynd (Port S.), Pres. *EH32*	17	CN7
Forthview Av (Wall.), Muss. *EH21*	30	CC14
Forthview Cres (Wall.), Muss. *EH21*	30	CC14
Forthview Dr **1** (Wall.), Muss. *EH21*	31	CD14
Forthview Rd *EH4*	23	AY9
Forthview Ter *EH4*	23	AX9
Forthview Ter (Wall.), Muss. *EH21*	31	CD14
Foulis Cres, Jun. Grn *EH14*	48	AT21
Foundry La, Lnhd *EH20*	52	BM26
Fountain St, Lnhd *EH20*	52	BK27
Fountainbridge *EH3*	4	BD13
Fountainhall Rd *EH9*	41	BG16
Fourth Gait (Ricc.), Currie *EH14*	47	AN20
Fourth St (Newt.), Dalk. *EH22*	63	BX30
Fowler Cres **4**, Lnhd *EH20*	52	BM27
Fowler Sq **5**, Lnhd *EH20*	52	BM27
Fowler St, Tran. *EH33*	33	CL12
Fowler Ter *EH11*	40	BB14
Fowlers Ct **8**, Pres. *EH32*	16	CH9
Fox Covert Av *EH12*	22	AU10
Fox Covert Gro *EH12*	22	AU10
Fox Spring Cres *EH10*	50	BB20
Fox Spring Ri *EH10*	50	BC20
Fox St *EH6*	14	BK6
Fraser Av *EH5*	12	BC6
Fraser Cres *EH5*	12	BC6
Fraser Gdns *EH5*	12	BC6
Fraser Gro *EH5*	12	BC6
Frederick St *EH2*	4	BE10
Freelands Rd (Ratho), Newbr. *EH28*	36	AJ15
Friarton Gdns, Pen. *EH26*	66	AY38
Frogston Av *EH10*	50	BD22
Frogston Brae *EH10*	51	BD22
Frogston Gdns *EH10*	50	BD22
Frogston Gro *EH10*	51	BE22
Frogston Rd E *EH17*	51	BG23
Frogston Rd W *EH10*	50	BD22
Frogston Ter *EH10*	51	BE22
Furcheons Pk *EH8*	27	BN11

G

Name	Page	Grid
Gabriel's Rd **6** *EH2*	5	BF10
Gabriel's Rd **17** *EH3*	24	BD9
Galachlawshot *EH10*	51	BE21
Galachlawside *EH10*	51	BE22
Galadale (Newt.), Dalk. *EH22*	63	BW29
Galadale Cres (Newt.), Dalk. *EH22*	63	BW29
Galadale Dr (Newt.), Dalk. *EH22*	63	BW29
Gallolee, The *EH13*	49	AZ21
Galt Av, Muss. *EH21*	30	CC14
Galt Cres, Muss. *EH21*	30	CC14
Galt Dr, Muss. *EH21*	30	CC14
Galt Rd, Muss. *EH21*	30	CC14
Galt Ter, Muss. *EH21*	30	CC14
Gamekeeper's Ln *EH4*	9	AR6
Gamekeeper's Pk *EH4*	9	AR6
Gamekeeper's Rd *EH4*	9	AR6
Garden Ter *EH4*	10	AT7
Gardener's Cl (Cock.), Pres. *EH32*	17	CL7
Gardeners Pl **2**, Tran. *EH33*	33	CL12
Gardener's Wk, Pen. *EH26*	66	AY37
Gardiner Cres, Pres. *EH32*	16	CK10
Gardiner Gro *EH4*	23	AX9
Gardiner Pl (Newt.), Dalk. *EH22*	63	BW29
Gardiner Rd *EH4*	23	AX9
Gardiner Rd, Pres. *EH32*	16	CJ10
Gardiner Ter *EH4*	23	AX10
Gardiner Ter, Pres. *EH32*	32	CJ11
Gardner's Cres *EH3*	4	BC12
Garscube Ter *EH12*	23	AZ11
Garvald Ct *EH16*	42	BK21
Gateside Rd, K'lis. *EH29*	18	AC10
Gayfield Cl *EH1*	25	BG9
Gayfield Pl *EH7*	25	BG9
Gayfield Pl La *EH1*	25	BG9
Gayfield Sq *EH1*	25	BF9
Gayfield St *EH1*	25	BG9
Gayfield St La *EH1*	25	BF9
Gaynor Av, Lnhd *EH20*	52	BJ27
George Av, Lnhd *EH20*	52	BK27
George Cres **1**, Lnhd *EH20*	52	BL27
George Dr, Lnhd *EH20*	52	BK27
George IV Br *EH1*	5	BF11
George Sq *EH8*	5	BF13
George Sq La *EH8*	5	BF13
George St *EH2*	4	BD11
George Ter, Lnhd *EH20*	52	BK27
George Wk, Tran. *EH33*	33	CL13
George Way **13**, Tran. *EH33*	33	CL13
Gibbs Entry *EH8*	5	BG12
Gibraltar Ct, Dalk. *EH22*	55	BX24
Gibraltar Gdns, Dalk. *EH22*	55	BW24
Gibraltar Rd, Dalk. *EH22*	55	BW24
Gibraltar Ter, Dalk. *EH22*	55	BX24
Gibson Dr, Dalk. *EH22*	55	BY24
Gibson St *EH7*	13	BG7
Gibson Ter *EH11*	4	BC13
Gifford Pk *EH8*	5	BG13
Gilberstoun *EH15*	28	BS13
Gilberstoun Brig *EH15*	28	BT14
Gilberstoun Ln *EH15*	28	BT14
Gilberstoun Pl *EH15*	28	BT14
Gilberstoun Wynd *EH15*	28	BT14
Giles St *EH6*	13	BH6
Gillespie Cres *EH10*	4	BD13
Gillespie Pl *EH10*	4	BD13
Gillespie Rd *EH13*	48	AV21
Gillespie St *EH3*	4	BD13
Gillsland Pk *EH10*	40	BB15
Gillsland Rd *EH10*	40	BB15
Gilmerton Dykes Av *EH17*	42	BM21
Gilmerton Dykes Cres *EH17*	42	BL21
Gilmerton Dykes Dr *EH17*	42	BM21
Gilmerton Dykes Gdns *EH17*	42	BL21
Gilmerton Dykes Gro *EH17*	42	BL21
Gilmerton Dykes Ln *EH17*	52	BL22
Gilmerton Dykes Pl *EH17*	42	BL21
Gilmerton Dykes Rd *EH17*	52	BM22
Gilmerton Dykes St *EH17*	42	BM21
Gilmerton Dykes Ter *EH17*	52	BM22
Gilmerton Dykes Vw *EH17*	52	BM22
Gilmerton Ms *EH17*	53	BN22
Gilmerton Pl *EH17*	52	BM22
Gilmerton Rd *EH16*	42	BJ17
Gilmerton Rd *EH17*	42	BL19
Gilmerton Rd (Gilm.) *EH17*	53	BP22
Gilmerton Rd, Dalk. *EH22*	54	BU24
Gilmerton Rd, Lass. *EH18*	54	BS23
Gilmerton Sta Rd *EH17*	53	BN24
Gilmore Pk *EH3*	4	BC13
Gilmore Pl *EH3*	40	BC14
Gilmore Pl La *EH3*	4	BD13
Gilmour Rd *EH16*	41	BH16
Gilmour St *EH8*	5	BG12
Gilmour's Entry **7** *EH8*	5	BG12
Gladstone Pl *EH6*	14	BK7
Gladstone Ter *EH9*	41	BG14
Glanville Pl **5** *EH3*	24	BD9
Glasgow Rd *EH12*	37	AQ13
Glasgow Rd, Newbr. *EH28*	37	AQ13
Glaskhill Ter, Pen. *EH26*	66	BA37
Glebe, The *EH4*	9	AR5
Glebe, The, K'lis. *EH29*	18	AG10
Glebe, The (Dalm.), S Q'fry *EH30*	7	AG4
Glebe Gdns *EH12*	22	AU13
Glebe Gdns **9**, Pres. *EH32*	16	CH10
Glebe Gro *EH12*	22	AT13
Glebe Pl, Lass. *EH18*	53	BP26
Glebe Rd *EH12*	22	AT13
Glebe St, Dalk. *EH22*	55	BW24
Glebe Ter *EH12*	22	AU13
Glen Pl, Pen. *EH26*	66	BA37
Glen St *EH3*	4	BE12
Glen Vw Ct, Gore. *EH23*	68	BY34
Glen Vw Cres, Gore. *EH23*	68	BY35
Glen Vw Rd, Gore. *EH23*	68	BY34
Glenallan Dr *EH16*	42	BK17
Glenallan Ln *EH16*	42	BL17
Glenalmond Ct *EH11*	38	AT17
Glencairn Cres *EH12*	24	BB12
Glencorse Pk (Milt.Br), Pen. *EH26*	65	BE35
Glencross Gdns, Pen. *EH26*	66	AY38
Glendevon Av *EH12*	23	AX13
Glendevon Gdns *EH12*	23	AX13
Glendevon Gro *EH12*	23	AX13
Glendevon Pk *EH12*	39	AX14
Glendevon Pl *EH12*	23	AX13
Glendevon Rd *EH12*	39	AX14
Glendevon Ter *EH12*	23	AX13
Glendinning Cres *EH16*	42	BJ19
Glendinning Dr, K'lis. *EH29*	18	AB9
Glendinning Pl, K'lis. *EH29*	18	AB9
Glendinning Rd, K'lis. *EH29*	18	AB9

Street	Page	Grid	Street	Page	Grid	Street	Page	Grid
Glendinning Way, K'lis. EH29	18	AB9	Gracemount Dr EH16	42	BK21	Greenbank La EH10	40	BB18
			Gracemount Pl EH16	42	BK21	Greenbank Ln EH10	40	BB19
Glenesk Cres, Dalk. EH22	54	BV25	Gracemount Rd EH16	52	BJ22	Greenbank Pk EH10	40	BB19
Glenfinlas St EH3	4	BD11	Gracemount Sq EH16	42	BK20	Greenbank Pl EH10	40	BC18
Glengyle Ter EH3	4	BD13	Graham St EH6	13	BG6	Greenbank Ri EH10	40	BB19
Glenisla Gdns EH9	41	BF16	Graham's Rd (Milt.Br), Pen. EH26	64	BD34	Greenbank Rd EH10	40	BB19
Glenisla Gdns La 1 EH9	41	BF16				Greenbank Row EH10	40	BB19
Glenlea Cotts EH11	39	AY15	Granby Rd EH16	41	BH16	Greenbank Ter EH10	40	BC18
Glenlee Av EH8	26	BL11	Grandfield EH6	13	BE6	Greendale Pk EH4	11	AW7
Glenlee Gdns EH8	26	BL11	Grandville EH6	13	BE5	Greendykes Av EH16	43	BP16
Glenlockhart Bk EH14	39	AZ18	Grange Ct EH9	41	BG14	Greendykes Dr EH16	43	BP16
Glenlockhart Rd EH10	40	BA18	Grange Cres EH9	41	BF15	Greendykes Gdns EH16	43	BP16
Glenlockhart Rd EH14	39	AZ18	Grange Cres E, Pres. EH32	16	CH10	Greendykes Ho EH16	43	BP16
Glenlockhart Valley EH14	39	AZ17	Grange Cres W, Pres. EH32	16	CH10	Greendykes Ln EH16	43	BP16
Glennie Gdns, Tran. EH33	33	CM13	Grange Gro, Pres. EH32	16	CH10	Greendykes Rd EH16	43	BN16
Glenogle Ct EH3	24	BD8	Grange Ln EH9	41	BE15	Greendykes Ter EH16	43	BP16
Glenogle Pl 16 EH3	24	BD9	Grange Ln Gdns EH9	41	BF15	Greenend Dr EH17	42	BL20
Glenogle Rd EH3	24	BD9	Grange Rd EH9	41	BF14	Greenend Gdns EH17	42	BL20
Glenogle Ter EH3	24	BD8	Grange Rd, Pres. EH32	16	CH10	Greenend Gro EH17	42	BL19
Glenorchy Pl 4 EH1	5	BG10	Grange Ter EH9	41	BF16	Greenfield Cres, Bal. EH14	56	AL27
Glenorchy Ter EH9	41	BH15	Grannies Pk Ind Est, Dalk. EH22	55	BW23	Greenfield Pk (Monk.), Muss. EH21	29	BX16
Glenure Ln EH4	22	AT10						
Glenvarloch Cres EH16	42	BJ18	Grannus Ms 1 (Inv.), Muss. EH21	29	BZ14	Greenfield Rd, Bal. EH14	56	AL27
Glenview, Pen. EH26	66	BA37				Greenhall Cres 1, Gore. EH23	68	BX34
Glenview Pl, Gore. EH23	68	BY36	Grant Av EH13	49	AW21			
Gloucester La EH3	4	BD10	Granton Cres EH5	12	BB5	Greenhall Rd, Gore. EH23	68	BY34
Gloucester Pl EH3	4	BD10	Granton Gdns EH5	12	BB5	Greenhill Ct EH9	40	BD14
Gloucester Sq EH3	4	BD10	Granton Gro EH5	12	BB5	Greenhill Gdns EH10	40	BD14
Gloucester St EH3	4	BD10	Granton Harbour EH5	12	BB3	Greenhill Pk EH10	40	BD15
Goff Av EH7	15	BP9	Granton Mains Av EH4	11	AY5	Greenhill Pk, Pen. EH26	66	AZ38
Gogar Br Rd EH12	20	AJ11	Granton Mains Bk 1 EH4	11	AY5	Greenhill Pl EH10	40	BD15
Gogar Mains Fm Rd EH12	36	AL13	Granton Mains Brae EH4	11	AY5	Greenhill Ter EH10	40	BD14
Gogar Roundabout EH12	37	AN13	Granton Mains Ct EH4	11	AZ5	Greenlaw Gro (Milt.Br), Pen. EH14	64	BC34
Gogar Sta Rd EH12	37	AQ17	Granton Mains E EH4	11	AZ5			
Gogarbank EH12	37	AN17	Granton Mains Gait EH4	11	AY5	Greenlaw Hedge EH13	50	BA20
Gogarloch Bk EH12	37	AR14	Granton Mains Vale EH4	11	AY5	Greenlaw Rig EH13	50	BA20
Gogarloch Haugh EH12	37	AR14	Granton Mains Wynd EH4	11	AY5	Greenmantle Ln EH16	42	BK18
Gogarloch Muir EH12	37	AR14	Granton Medway EH5	12	BA5	Greenpark EH17	42	BL19
Gogarloch Rd EH12	37	AQ14	Granton Mill Cres EH4	11	AY5	Greenside End 12 EH1	5	BG10
Gogarloch Syke EH12	37	AQ14	Granton Mill Dr EH4	11	AY5	Greenside La EH1	5	BG10
Gogarstone Rd EH12	36	AK14	Granton Mill March EH4	11	AX6	Greenside Pl 11 EH1	5	BG10
Goldenacre Ter EH3	12	BD7	Granton Mill Pk EH4	11	AX6	Greenside Pl, Rose. EH24	60	BM33
Goldie Ter, Lnhd EH20	60	BJ28	Granton Mill Pl EH4	11	AX5	Greenside Row EH1	5	BG10
Golf Course Rd, Bonny. EH19	53	BR27	Granton Mill Rd EH4	11	AX5	Greenway, The EH4	38	AU18
			Granton Mill W 1 EH4	11	AX5	Grey Sch Cor, Pres. EH32	16	CH10
Golf Dr (Port S.), Pres. EH32	17	CM3	Granton Pk Av EH5	12	BA4	Greyfriars Pl EH1	5	BF12
			Granton Pl EH5	12	BB5	Grierson Av EH5	12	BC5
Goose Grn Av, Muss. EH21	29	BZ12	Granton Rd EH5	12	BB5	Grierson Cres EH5	12	BC5
Goose Grn Br, Muss. EH21	29	BZ12	Granton Sq EH5	12	BB4	Grierson Gdns EH5	12	BC5
Goose Grn Cres, Muss. EH21	29	BZ12	Granton Ter EH5	12	BB5	Grierson Rd EH5	12	BB5
			Granton Vw EH5	12	BB4	Grierson Sq EH5	12	BC5
Goose Grn Pl, Muss. EH21	29	BZ12	Grantully Pl EH9	41	BH15	Grierson Vil EH5	12	BC5
Goose Grn Rd, Muss. EH21	29	BZ12	Granville Ter EH10	40	BC14	Grieve Ct, Pen. EH26	67	BB36
Gordon Av, Bonny. EH19	61	BP29	Grassmarket EH1	4	BE12	Grigor Av EH4	23	AZ8
Gordon Ln EH12	22	AU12	Grays Ct 6 EH8	5	BG12	Grigor Dr EH4	23	AZ8
Gordon Rd EH12	22	AU12	Gray's Ln EH10	40	BA15	Grigor Gdns EH4	23	AZ8
Gordon St EH6	14	BJ7	Graysknowe 2 EH14	39	AX17	Grigor Ter EH4	23	AZ8
Gordon St (Easth.), Dalk. EH22	55	BY28	Great Cannon Bk 3 EH15	27	BQ10	Grindlay St EH3	4	BD12
			Great Carleton Pl EH16	43	BQ16	Grindlay St Ct EH3	4	BD12
Gordon Ter EH16	42	BJ17	Great Carleton Sq 1 EH16	43	BQ16	Groathill Av EH4	23	AY9
Gore Av, Gore. EH23	68	BZ35	Great Junct St EH6	13	BH6	Groathill Gdns E EH4	23	AY9
Gorgie Cotts EH11	39	AY15	Great King St EH3	4	BE10	Groathill Gdns W EH4	23	AY9
Gorgie Pk Cl EH14	39	AZ15	Great Michael Cl 7 EH6	13	BF4	Groathill Rd N EH4	23	AY8
Gorgie Pk Rd EH11	39	AZ15	Great Michael Ri EH6	13	BF5	Groathill Rd S EH4	23	AY9
Gorgie Pk Rd EH14	39	AZ15	Great Michael Sq 1 EH4	13	BF4	Grosvenor Cres EH12	24	BB12
Gorgie Rd EH11	39	AZ14	Great Stuart St EH3	4	BC11	Grosvenor Gdns EH12	24	BB12
Gorton Ln, Rose. EH24	60	BM33	Green, The EH4	10	AV7	Grosvenor St EH12	4	BC12
Gorton Pl, Rose. EH24	60	BM33	Green, The, Bal. EH14	56	AM27	Grotto Br, S Q'fry EH30	21	AN8
Gorton Rd, Rose. EH24	60	BM33	Green La, Lass. EH18	53	BP27	Grove, The, Muss. EH21	30	CA14
Gosford Pl EH6	13	BF6	Green St EH7	25	BF9	Grove End, Lass. EH18	53	BR27
Gosford Rd (Port S.), Pres. EH32	17	CL7	Greenacre EH14	48	AU20	Grove Pl, Jun. Grn EH14	48	AT21
			Greenbank Av EH10	40	BC18	Grove St EH3	4	BC12
Gote La, S Q'fry EH30	6	AD2	Greenbank Cres EH10	40	BB19	Grove St, Muss. EH21	29	BZ14
Gowanhill Rd, Currie EH14	46	AK22	Greenbank Dr EH10	40	BB18	Grove Ter 4 EH3	4	BC12
Gracefield Ct, Muss. EH21	29	BX13	Greenbank Gdns EH10	40	BB19	Grundie's Well Rd EH17	43	BN21
Gracemount Av EH16	42	BK20	Greenbank Gro EH10	40	BB19	Guardianswood EH12	23	AY12

Guardwell Cres *EH17* 42 BL20
Gullan's Cl *EH8* 5 BG11
Gunnet Ct *EH4* 11 AW6
Guthrie St *EH1* 5 BF12
Gyle Av **1** *EH12* 37 AP14
Gyle Pk Gdns *EH12* 37 AQ13
Gyle Service La *EH12* 37 AQ14
Gylemuir Rd *EH12* 22 AS13
Gypsy Brae *EH5* 11 AY5

H

Haddington Pl *EH7* 25 BG9
Haddington Rd, Muss. *EH21* 30 CC13
Haddington Rd, Tran. *EH33* 33 CN13
Haddon's Ct *EH8* 5 BG12
Hailes App *EH13* 49 AW20
Hailes Av *EH13* 39 AW19
Hailes Bk *EH13* 49 AW20
Hailes Cres *EH13* 49 AW20
Hailes Gdns *EH13* 48 AV20
Hailes Gro *EH13* 49 AW20
Hailes Pk *EH13* 48 AV20
Hailes St *EH3* 4 BD13
Hailes Ter *EH13* 49 AW20
Hailesland Gdns *EH14* 38 AU18
Hailesland Gro *EH14* 38 AU18
Hailesland Pk *EH14* 38 AU18
Hailesland Pl *EH14* 38 AU18
Hailesland Rd *EH14* 38 AU18
Hainburn Pk *EH10* 50 BB22
Hall Ter *EH12* 22 AU13
Hallcroft Cl (Ratho), Newbr. *EH28* 35 AE17
Hallcroft Cres (Ratho), Newbr. *EH28* 35 AE17
Hallcroft Gdns (Ratho), Newbr. *EH28* 35 AE17
Hallcroft Grn (Ratho), Newbr. *EH28* 35 AE17
Hallcroft Neuk (Ratho), Newbr. *EH28* 35 AE17
Hallcroft Pk (Ratho), Newbr. *EH28* 35 AE17
Hallcroft Ri (Ratho), Newbr. *EH28* 35 AE17
Hallhead Rd *EH16* 41 BH17
Hallyards Rd, K'lis. *EH29* 18 AD11
Hallyards Rd, Newbr. *EH28* 35 AF13
Halmyre St *EH6* 25 BH8
Hamburgh Pl **6** *EH6* 13 BG5
Hamilton Cres (Newt.), Dalk. *EH22* 63 BX29
Hamilton Dr *EH15* 27 BP12
Hamilton Dr W *EH15* 27 BP12
Hamilton Gdns *EH15* 27 BP12
Hamilton Gro *EH15* 27 BP12
Hamilton Pk *EH15* 27 BP11
Hamilton Pl *EH3* 24 BD9
Hamilton Ter *EH15* 27 BQ11
Hamilton Wynd *EH6* 13 BG5
Hamilton's Cl **1**, S Q'fry *EH30* 7 AE2
Hamilton's Folly Ms **5** *EH8* 5 BG13
Hammermen's Entry *EH8* 5 BG11
Hampton Pl **4** *EH12* 24 BA12
Hampton Ter *EH12* 24 BA12
Hanover St *EH2* 4 BE10
Harbour La **5**, S Q'fry *EH30* 6 AD2
Harbour Pl **13** *EH15* 27 BQ10
Harbour Rd *EH15* 27 BQ10
Harbour Rd, Muss. *EH21* 29 BW13
Harden Pl *EH11* 40 BB14
Hardengreen Business Pk, Dalk. *EH22* 54 BU26
Hardengreen Ind Est, Dalk. *EH22* 54 BU26
Hardengreen La, Dalk. *EH22* 54 BU27
Hardwell Cl *EH8* 5 BG13
Harelaw, Dalk. *EH22* 44 BT19
Harelaw Rd *EH13* 49 AX21
Hares Cl (Cock.), Pres. *EH32* 17 CL7
Harewood Cres *EH16* 27 BN15
Harewood Dr *EH16* 27 BN15
Harewood Rd *EH16* 26 BM15
Harkenburn Gdns, Pen. *EH26* 66 AY37
Harkness Cres, Tran. *EH33* 33 CM13
Harlaw Gro, Pen. *EH26* 66 AZ38
Harlaw Hill, Pres. *EH32* 16 CH9
Harlaw March, Bal. *EH14* 56 AM27
Harlaw Rd, Bal. *EH14* 57 AR25
Harlawhill Gdns, Pres. *EH32* 16 CJ10
Harmony Ct, Bonny. *EH19* 54 BT28
Harmony Cres, Bonny. *EH19* 54 BT28
Harmony St, Bonny. *EH19* 54 BT28
Harmony Wk, Bonny. *EH19* 54 BT28
Harnes Ct **2**, Lnhd *EH20* 60 BL28
Harper's Brae, Pen. *EH26* 67 BD37
Harrismith Pl *EH7* 14 BJ9
Harrison Gdns *EH11* 40 BA15
Harrison La *EH11* 40 BB14
Harrison Pl *EH11* 40 BA15
Harrison Rd *EH11* 40 BA14
Hart St *EH1* 25 BF9
Hart St La *EH1* 25 BF9
Hartington Gdns *EH10* 40 BD14
Hartington Pl *EH10* 40 BC14
Harvest Dr, Newbr. *EH28* 34 AD14
Harvest Rd, Newbr. *EH28* 34 AD14
Harvesters Way *EH14* 38 AT19
Harvieston Vil **2**, Gore. *EH23* 68 BZ36
Hatton Pl *EH9* 41 BF14
Haugh Pk *EH14* 39 AW17
Haugh St *EH4* 24 BD9
Hawes Brae, S Q'fry *EH30* 7 AF2
Hawes Pier, S Q'fry *EH30* 7 AF2
Hawkhead Cres *EH16* 42 BJ19
Hawkhead Gro *EH16* 42 BJ19
Hawkhill *EH7* 14 BK8
Hawkhill Av *EH7* 14 BJ8
Hawkhill Ct *EH7* 14 BK8
Hawkins Ter, Pen. *EH26* 64 BD34
Hawthorn Bk, S Q'fry *EH30* 6 AD2
Hawthorn Bldgs **5** *EH4* 24 BB11
Hawthorn Cres (Mayf.), Dalk. *EH22* 55 BZ27
Hawthorn Gdns, Lnhd *EH20* 52 BK26
Hawthorn Pl *EH17* 43 BN21
Hawthorn Rd, Pres. *EH32* 16 CK10
Hawthorn Ter **5** *EH4* 4 BC11
Hawthorn Ter (Cock.), Pres. *EH32* 16 CK8
Hawthornbank **1** (Cock.), Pres. *EH32* 16 CK7
Hawthornbank La *EH4* 4 BC11
Hawthornbank Pl *EH6* 13 BG5
Hawthornbank Ter **20** *EH6* 13 BG5
Hawthornden Av, Bonny. *EH19* 61 BQ29
Hawthornden Gdns, Bonny. *EH19* 61 BQ28
Hawthornden Pl *EH7* 25 BG8
Hawthornvale *EH6* 13 BF5
Hay Av *EH16* 27 BP15
Hay Dr *EH16* 27 BQ15
Hay Pl *EH16* 27 BP15
Hay Rd *EH16* 27 BP15
Hay Ter *EH16* 27 BP15
Hayfield *EH12* 21 AQ11
Haymarket *EH12* 4 BC12
Haymarket Ter *EH12* 24 BB12
Haymarket Yards *EH12* 24 BB12
Hazel Dr, Bonny. *EH19* 61 BR29
Hazel La, Lnhd *EH20* 59 BG28
Hazelbank Ter *EH11* 40 BA15
Hazeldean Ter *EH16* 42 BK18
Hazelwood Gro *EH16* 42 BL17
Headrigg Row *EH16* 42 BK18
Hedge Row, Lnhd *EH20* 59 BG28
Henderland Rd *EH12* 23 AZ12
Henderson Gdns **4** *EH6* 13 BH6
Henderson Gdns, Tran. *EH33* 33 CM13
Henderson Pl *EH3* 25 BE9
Henderson Pl La *EH3* 24 BD9
Henderson Row *EH3* 24 BD9
Henderson St *EH6* 13 BH6
Henderson Ter *EH11* 40 BB14
Henry Pl *EH8* 5 BH13
Henry Ross Pl, S Q'fry *EH30* 6 AD2
Henry St *EH8* 5 BH13
Hepburn Dr, Dalk. *EH22* 55 BY25
Hercus Ln, Muss. *EH21* 29 BX13
Herd Ter, Lnhd *EH20* 60 BJ28
Heriot Br *EH1* 4 BE12
Heriot Cross **17** *EH1* 4 BE12
Heriot Hill Ter *EH7* 25 BE8
Heriot Pl *EH3* 4 BE12
Heriot Row *EH3* 4 BD10
Heriot-Watt Research Pk (Ricc.), Currie *EH14* 47 AN19
Hermand Cres *EH11* 40 BA15
Hermand St *EH11* 39 AZ15
Hermand Ter *EH11* 39 AZ15
Hermiston Ct *EH11* 38 AT17
Hermiston Gait Retail Pk *EH11* 37 AQ17
Hermiston Ho Rd *EH12* 36 AM17
Hermiston Ho Rd, Currie *EH14* 37 AN18
Hermitage Dr *EH10* 40 BD18
Hermitage Gdns *EH10* 40 BD18
Hermitage Pk *EH6* 14 BK8
Hermitage Pk Gro *EH6* 14 BK8
Hermitage Pk Lea *EH6* 14 BK8
Hermitage Pk S *EH6* 14 BK8
Hermitage Pl *EH6* 14 BJ7
Hermitage Ter *EH10* 40 BD17
Hermits Cft *EH8* 5 BH13
Heugh, The, Tran. *EH33* 33 CL12
Higginson Ln (Mayf.), Dalk. *EH22* 69 CA30
High Buckstone *EH10* 51 BE21
High Pk Ri, Pen. *EH26* 67 BB39
High Riggs *EH3* 4 BE12
High Sch Yards *EH1* 5 BG12
High St *EH1* 5 BF11
High St, Bonny. *EH19* 53 BR27
High St, Dalk. *EH22* 55 BW24
High St, K'lis. *EH29* 18 AD10
High St, Lass. *EH18* 53 BQ26
High St, Lnhd *EH20* 52 BL27
High St, Muss. *EH21* 29 BY13
High St, Pen. *EH26* 67 BB39
High St, Pres. *EH32* 16 CG10
High St (Cock.), Pres. *EH32* 17 CL7
High St, S Q'fry *EH30* 7 AE2
High St, Tran. *EH33* 33 CM13

Name	Page	Grid	Name	Page	Grid	Name	Page	Grid
Highlea Circle, Bal. *EH14*	56	AK28	Hope Pk Cres *EH8*	5	BG13	Hutchison Crossway *EH14*	39	AY15
Highlea Gro, Bal. *EH14*	56	AK27	Hope Pk Sq **1** *EH8*	5	BG13	Hutchison Gdns *EH14*	39	AY16
Highway, The *EH8*	27	BN11	Hope Pk Ter *EH8*	5	BG13	Hutchison Gro *EH14*	39	AZ16
Hill Ct **2**, S Q'fry *EH30*	6	AD2	Hope Pl, Muss. *EH21*	30	CB13	Hutchison Ho *EH14*	39	AZ15
Hill Pl *EH8*	5	BG12	Hope Pl, Tran. *EH33*	30	CB13	Hutchison Ln *EH14*	39	AY16
Hill Pl (Mayf.), Dalk. *EH22*	69	CA30	Hope St *EH2*	4	BD11	Hutchison Medway *EH14*	39	AY15
Hill Sq *EH8*	5	BG12	Hope St, S Q'fry *EH30*	6	AD3	Hutchison Pk *EH14*	39	AY15
Hill St *EH2*	4	BD10	Hope St La *EH2*	4	BD11	Hutchison Pl *EH14*	39	AY16
Hill St La N *EH2*	4	BD10	Hope Ter *EH9*	41	BE15	Hutchison Rd *EH14*	39	AZ15
Hill St La S *EH2*	4	BE11	Hopefield Pk, Bonny. *EH19*	61	BQ29	Hutchison Ter *EH14*	39	AY16
Hillcoat Ln **4** *EH15*	27	BQ10	Hopefield Pl, Bonny. *EH19*	61	BQ29	Hutchison Vw *EH14*	39	AY15
Hillcoat Pl **5** *EH15*	27	BQ10	Hopefield Ter *EH6*	13	BG5	Hutton Cl *EH8*	5	BH11
Hillend *EH10*	51	BE25	Hopefield Ter, Bonny. *EH19*	61	BQ29	Hutton Rd *EH8*	5	BH11
Hillend Pl **10** *EH8*	26	BL10	Hopetoun Cres *EH7*	25	BG9	Hyvot Av *EH17*	42	BM21
Hillhead, Bonny. *EH19*	53	BR27	Hopetoun Rd, S Q'fry *EH30*	6	AD2	Hyvot Bk Av *EH17*	43	BN21
Hillhouse Rd *EH4*	22	AV8	Hopetoun St *EH7*	25	BG9	Hyvot Ct *EH17*	52	BM22
Hillpark Av *EH4*	22	AV8	Horne Ter *EH11*	4	BC13	Hyvot Gdns *EH17*	42	BM21
Hillpark Brae *EH4*	22	AV10	Horsburgh Bk, Bal. *EH14*	46	AL24	Hyvot Grn *EH17*	52	BM22
Hillpark Ct *EH4*	22	AV8	Horsburgh Gdns, Bal. *EH14*	46	AL24	Hyvot Gro *EH17*	42	BM21
Hillpark Cres *EH4*	22	AV9				Hyvot Ln *EH17*	42	BM21
Hillpark Dr *EH4*	22	AV8	Horsburgh Gro, Bal. *EH14*	46	AL24	Hyvot Pk *EH17*	42	BM21
Hillpark Gdns *EH4*	22	AV9	Horse Wynd *EH8*	5	BH11	Hyvot Ter *EH17*	42	BM21
Hillpark Grn *EH4*	22	AV9	Hoseason Gdns *EH4*	22	AT10	Hyvot Vw *EH17*	52	BM22
Hillpark Gro *EH4*	22	AV9	Hosie Rigg *EH15*	27	BR14			
Hillpark Ln *EH4*	23	AW9	House o'Hill Av *EH4*	23	AW8	**I**		
Hillpark Rd *EH4*	22	AV9	House o'Hill Brae *EH4*	23	AW8			
Hillpark Ter *EH4*	22	AV9	House o'Hill Cres *EH4*	23	AW8	Imperial Dock *EH6*	14	BJ4
Hillpark Way *EH4*	23	AW9	House o'Hill Gdns *EH4*	23	AX8	Imrie Pl, Pen. *EH26*	67	BB38
Hillpark Wd *EH4*	23	AW9	House o'Hill Grn *EH4*	23	AW8	Inchcolm Ct *EH4*	11	AY6
Hillside Cres *EH7*	25	BG9	House o'Hill Gro *EH4*	23	AW8	Inchcolm Ter, S Q'fry *EH30*	6	AD3
Hillside Cres N, Gore. *EH23*	68	BZ35	House o'Hill Pl *EH4*	23	AW8	Inchgarvie Ct *EH4*	11	AZ7
			House o'Hill Rd *EH4*	23	AX8	Inchgarvie Pk, S Q'fry *EH30*	6	AC2
Hillside Cres S, Gore. *EH23*	68	BZ35	House o'Hill Row *EH4*	23	AX8	Inchkeith Av, S Q'fry *EH30*	7	AE3
			House o'Hill Ter *EH4*	23	AX9	Inchkeith Ct *EH7*	25	BG8
Hillside Rd (Craig.), S Q'fry *EH30*	20	AM7	Howard Pl *EH3*	25	BE8	Inchmickery Ct *EH4*	11	AW6
			Howard St *EH3*	25	BE8	Inchview, Pres. *EH32*	16	CG10
Hillside St *EH7*	25	BH9	Howden Hall Ct *EH16*	51	BH21	Inchview Cres (Wall.), Muss. *EH21*	31	CE14
Hillside Ter (Craig.), S Q'fry *EH30*	8	AM6	Howden Hall Cres *EH16*	51	BH22			
			Iloowdn Hall Dr *FH16*	51	BH21	Inchview N, Pres. *EH32*	16	CG10
Hilltown Ter (Wool.), Dalk. *EH22*	44	BS18	Howden Hall Gdns *EH16*	42	BJ21	Inchview Rd (Wall.), Muss. *EH21*	31	CD14
			Howden Hall Ln *EH16*	51	BH21			
Hillview *EH4*	23	AX9	Howden Hall Pk *EH16*	51	BH21	Inchview Ter *EH7*	27	BP10
Hillview Cotts (Ratho), Newbr. *EH28*	35	AF18	Howden Hall Rd *EH16*	52	BJ22	India Bldgs **18** *EH1*	5	BF12
			Howden Hall Way *EH16*	52	BJ22	India Pl *EH3*	4	BD10
Hillview Cres *EH12*	22	AT12	Howden St *EH8*	5	BG12	India St *EH3*	4	BD10
Hillview Dr *EH12*	22	AS12	Howe Dean *EH16*	41	BG19	Industrial Rd *EH6*	14	BJ7
Hillview Gdns, Lnhd *EH20*	59	BH28	Howe Pk *EH10*	50	BB22	Industry Home **7** *EH6*	13	BG6
Hillview Rd *EH12*	22	AS12	Howe St *EH3*	4	BE10	Industry La *EH6*	13	BG6
Hillview Ter *EH12*	22	AS12	Hugh Miller Pl *EH3*	24	BD9	Infirmary St *EH1*	5	BG12
Hillwood Av (Ratho Sta), Newbr. *EH28*	35	AE14	Hugh Russell Pl, S Q'fry *EH30*	6	AD3	Inglewood Pl *EH6*	42	BK19
						Inglis Av (Port S.), Pres. *EH32*	17	CL7
Hillwood Cres (Ratho Sta), Newbr. *EH28*	35	AE14	Hughes Cres (Mayf.), Dalk. *EH22*	69	CB29			
						Inglis Ct **19** *EH1*	4	BE12
Hillwood Gdns (Ratho Sta), Newbr. *EH28*	35	AE13	Humbie Rd, K'lis. *EH29*	18	AC9	Inglis Fm (Cock.), Pres. *EH32*	17	CL7
			Hungerage Sq, Tran. *EH33*	33	CM14			
Hillwood Pl **4**, S Q'fry *EH30*	6	AD2	Hunt Cl, Dalk. *EH22*	55	BW23	Inglis Grn Rigg *EH14*	39	AX17
			Hunter Av, Lnhd *EH20*	52	BM27	Inglis Grn Rd *EH14*	39	AX17
Hillwood Ri (Ratho Sta), Newbr. *EH28*	35	AE14	Hunter Ct, Lnhd *EH20*	52	BM27	Ingliston Rd (Inglis.), Newbr. *EH28*	35	AH13
			Hunter Sq *EH1*	5	BF11			
Hillwood Rd (Ratho Sta), Newbr. *EH28*	35	AE14	Hunter Sq, Gore. *EH23*	68	BZ35	Inkerman Ct, Pen. *EH26*	64	BC35
			Hunter Ter, Bonny. *EH19*	61	BR28	Inveralmond Dr *EH4*	9	AQ6
Hillwood Ter (Ratho Sta), Newbr. *EH28*	35	AE14	Hunter Ter, Lnhd *EH20*	52	BM27	Inveralmond Gdns *EH4*	9	AQ6
			Hunterfield Ct, Gore. *EH23*	68	BY35	Inveralmond Gro *EH4*	9	AQ6
Hogarth Av, Gore. *EH23*	63	BY33	Hunterfield Pk, Gore. *EH23*	68	BY34	Inveravon Rd, Lnhd *EH20*	52	BK26
Holly Ter, Bonny. *EH19*	61	BR29	Hunterfield Rd, Gore. *EH23*	68	BY34	Inveravon Ter, Muss. *EH21*	29	BY14
Holly Wk, Lnhd *EH20*	59	BG28				Inveresk Brae, Muss. *EH21*	29	BZ14
Hollybank (Mayf.), Dalk. *EH22*	69	CA28	Hunterfield Ter, Gore. *EH23*	68	BX34	Inveresk Est, The (Inv.), Muss. *EH21*	29	BZ15
Hollybank Ter *EH11*	40	BA15	Hunter's Cl **43** *EH1*	4	BE12	Inveresk Gate **2** (Inv.), Muss. *EH21*	29	BZ14
Holyrood Ct *EH8*	5	BH11	Hunter's Hill, Pen. *EH26*	66	AZ37			
Holyrood Pk *EH16*	26	BJ11	Huntingdon Pl *EH7*	25	BG9	Inveresk Mills Ind Pk, Muss. *EH21*	29	BX14
Holyrood Pk Rd *EH16*	41	BH14	Huntly St *EH3*	25	BE8			
Holyrood Rd *EH8*	5	BG11	Hursted Av (Easth.), Dalk. *EH22*	55	BZ28	Inveresk Rd, Muss. *EH21*	29	BY14
Home St *EH3*	4	BD13				Inveresk Village Rd, Muss. *EH21*	29	BY14
Hope La *EH15*	27	BR12	Hutchison Av *EH14*	39	AY16			
Hope La N *EH15*	27	BR11	Hutchison Cotts *EH14*	39	AY16	Inverleith Av *EH3*	12	BD7

Name	Page	Grid	Name	Page	Grid	Name	Page	Grid
Inverleith Av S *EH3*	12	BD7	Johnsburn Rd, Bal. *EH14*	56	AK26	Kincaid's Ct *EH1*	5	BF12
Inverleith Gdns *EH3*	12	BC7	Johnston Pl, Pen. *EH26*	64	BB35	Kinellan Gdns *EH12*	23	AY12
Inverleith Gro *EH3*	24	BB8	Johnston Ter *EH1*	4	BE12	Kinellan Rd *EH12*	23	AY11
Inverleith Pl *EH3*	12	BC7	Johnston Ter (Port S.), Pres. *EH32*	17	CM7	King Edwards Way, K'lis. *EH29*	18	AC10
Inverleith Pl La *EH3*	12	BD7	Joppa Gdns *EH15*	28	BS12	King George V Pk, Bonny. *EH19*	61	BQ28
Inverleith Row *EH3*	12	BD7	Joppa Gro *EH15*	28	BS12	King Malcolm Cl *EH10*	51	BF22
Inverleith Ter *EH3*	24	BD8	Joppa Pans *EH15*	28	BU12	King St *EH6*	13	BH6
Inverleith Ter La *EH3*	24	BD8	Joppa Pk *EH15*	28	BT11	King St, Muss. *EH21*	29	BZ14
Iona St *EH6*	25	BH8	Joppa Rd *EH15*	28	BS12	Kinghorn Pl *EH6*	13	BF6
Ironmills Rd, Dalk. *EH22*	54	BV24	Joppa Ter *EH15*	28	BS12	King's Br *EH3*	4	BE12
Ivanhoe Cres *EH16*	42	BK18	Jordan La *EH10*	40	BD16	King's Bldgs *EH9*	41	BH17
Ivy Ter *EH11*	40	BA14	Jubilee Cres, Gore. *EH23*	68	BY34	King's Cramond *EH4*	9	AR6
			Jubilee Rd *EH12*	19	AH12	Kings Haugh *EH16*	26	BL15
J			Junction Pl *EH6*	13	BH7	King's Meadow *EH16*	26	BK15
Jackson St, Pen. *EH26*	66	BA38	Juner Pl, Gore. *EH23*	68	BY34	King's Pl *EH15*	15	BQ9
Jacobite Way, Pres. *EH32*	17	CL10	Juniper Av, Jun. Grn *EH14*	48	AS21	King's Rd *EH15*	27	BQ10
Jacobs Way, Gore. *EH23*	68	BY35	Juniper Gdns, Jun. Grn *EH14*	48	AS21	King's Rd, Tran. *EH33*	33	CL14
Jamaica Ms *EH3*	4	BD10	Juniper Gro, Jun. Grn *EH14*	48	AS21	King's Stables La *EH1*	4	BE12
Jamaica St *EH3*	4	BD10	Juniper La **2**, Jun. Grn *EH14*	48	AT21	King's Stables Rd *EH1*	4	BE12
Jamaica St N La *EH3*	4	BD10				King's Ter *EH15*	27	BP10
Jamaica St S La *EH3*	4	BD10	Juniper Pk Rd, Jun. Grn *EH14*	48	AT21	Kingsburgh Rd *EH12*	23	AY12
Jamaica St W **15** *EH3*	4	BD10	Juniper Pl, Jun. Grn *EH14*	48	AS22	Kingsknowe Av *EH14*	39	AW18
James' Ct **20** *EH1*	5	BF11	Juniper Ter, Jun. Grn *EH14*	48	AS21	Kingsknowe Ct *EH14*	38	AV18
James Craig Wk *EH1*	5	BF10	Juniperlee, Jun. Grn *EH14*	48	AT21	Kingsknowe Cres *EH14*	39	AW18
James Lean Av, Dalk. *EH22*	55	BX24				Kingsknowe Dr *EH14*	39	AW18
James Leary Way, Bonny. *EH19*	54	BS27				Kingsknowe Gdns *EH14*	39	AW19
						Kingsknowe Gro *EH14*	39	AW19
James St *EH15*	28	BS11	**K**			Kingsknowe Pk *EH14*	39	AW19
James St, Muss. *EH21*	29	BZ13				Kingsknowe Pl *EH14*	38	AV18
James St La *EH15*	28	BS11	Kaimes Rd *EH12*	22	AU12	Kingsknowe Rd N *EH14*	39	AW17
Jameson Pl *EH6*	25	BH8	Kaimes Vw (Dand.), Dalk. *EH22*	43	BR20	Kingsknowe Rd S *EH14*	39	AW18
Jane St *EH6*	13	BH7				Kingsknowe Ter *EH14*	39	AW18
Jane Ter **8** *EH7*	26	BJ10	Katesmill Rd *EH14*	39	AX19	Kingslaw Ct, Tran. *EH33*	33	CM14
Janefield *EH17*	52	BJ23	Kay Gdns (Cock.), Pres. *EH32*	17	CL7	Kingston Av *EH16*	42	BL18
Jarnac Ct **5**, Dalk. *EH22*	55	BW24				Kinleith Ind Est, Currie *EH14*	47	AR23
Jawbone Wk *EH3*	5	BF13	Kedslie Pl *EH16*	51	BH20			
Jean Armour Av *EH16*	42	BJ18	Kedslie Rd *EH16*	51	BH20	Kinnear Rd *EH3*	12	BB7
Jean Armour Dr, Dalk. *EH22*	55	BZ25	Keir Hardie Dr (Mayf.), Dalk. *EH22*	69	CA30	Kippielaw Dr (Easth.), Dalk. *EH22*	55	BY25
Jeffrey Av *EH4*	23	AX10	Keir St *EH3*	4	BE12	Kippielaw Gdns (Easth.), Dalk. *EH22*	55	BY26
Jeffrey St *EH1*	5	BF11	Keith Cres *EH4*	23	AX10			
Jenks Ln (Newt.), Dalk. *EH22*	62	BV30	Keith Row *EH4*	23	AY10	Kippielaw Medway (Easth.), Dalk. *EH22*	55	BY26
			Keith Ter *EH4*	23	AY10			
Jessfield Ter *EH6*	13	BF5	Kekewich Av *EH7*	15	BP9	Kippielaw Pk (Mayf.), Dalk. *EH22*	55	BZ27
Jewel, The *EH15*	27	BR14	Kemp Pl *EH3*	24	BD9			
John Bernard Way **1**, Gore. *EH23*	68	BY37	Kempston Pl, S Q'fry *EH30*	7	AE3	Kippielaw Rd (Easth.), Dalk. *EH22*	55	BY26
			Kenilworth Dr *EH16*	42	BJ19			
John Cotton Business Cen *EH7*	14	BJ9	Kenmure Av *EH8*	26	BL11	Kippielaw Wk (Easth.), Dalk. *EH22*	55	BY25
			Kennedy Cres, Tran. *EH33*	33	CM12			
John Cres, Tran. *EH33*	33	CL13	Kennington Av, Lnhd *EH20*	60	BK28	Kirk Brae *EH16*	42	BJ18
John Humble St (Mayf.), Dalk. *EH22*	69	CA30	Kennington Ter, Lnhd *EH20*	52	BK27	Kirk Cramond *EH4*	10	AS5
			Kentigern Mall, Pen. *EH26*	67	BB38	Kirk Ln *EH12*	22	AU13
John Knox Pl, Pen. *EH26*	67	BB38	Kerr Av, Dalk. *EH22*	54	BU25	Kirk Pk *EH16*	42	BJ19
John Mason Ct, S Q'fry *EH30*	7	AE3	Kerr Rd, Tran. *EH33*	33	CL13	Kirk St *EH6*	13	BH7
			Kerr St *EH3*	24	BD9	Kirk St, Pres. *EH32*	16	CH10
John Moat Pl, Pres. *EH32*	16	CH10	Kerr Way **15**, Tran. *EH33*	33	CL14	Kirk Vw, Pen. *EH26*	67	BB39
John Muir Way, Muss. *EH21*	29	BY12	Kerr-McNeill Service Rd **14**, Tran. *EH33*	33	CL14	Kirkgate *EH6*	14	BJ6
John St *EH15*	28	BS11				Kirkgate *EH16*	42	BJ20
John St, Pen. *EH26*	67	BB38	Kerr's Wynd, Muss. *EH21*	29	BZ13	Kirkgate, Currie *EH14*	47	AQ23
John St La *EH15*	28	BS11	Kevock Rd, Lass. *EH18*	53	BP27	Kirkhill Ct, Gore. *EH23*	68	BY36
John St La, Pen. *EH26*	66	BA38	Kevock Vale Caravan Pk, Lass. *EH18*	53	BQ27	Kirkhill Dr *EH16*	26	BJ15
John St La E *EH15*	28	BS11				Kirkhill Gdns *EH16*	26	BJ14
John St La W *EH15*	28	BS11	Kew Ter *EH12*	24	BA12	Kirkhill Gdns, Pen. *EH26*	67	BB38
Johnnie Cope's Rd, Pres. *EH32*	32	CJ11	Kilchurn Ct **3** *EH12*	21	AQ12	Kirkhill Rd *EH16*	26	BJ14
			Kilgraston Ct *EH9*	41	BE15	Kirkhill Rd, Pen. *EH26*	67	BB38
Johnnie Cope's Rd, Tran. *EH33*	32	CJ12	Kilgraston Rd *EH9*	41	BF15	Kirkhill Ter *EH16*	26	BJ14
			Kilmaurs Rd *EH16*	26	BJ15	Kirkhill Ter, Gore. *EH23*	63	BW34
John's La *EH6*	14	BJ6	Kilmaurs Ter *EH16*	26	BJ15	Kirkhill Way, Pen. *EH26*	67	BB38
John's Pl *EH6*	14	BJ7	Kilncroftside *EH14*	39	AX17	Kirklands *EH12*	38	AT15
Johnsburn Grn, Bal. *EH14*	56	AK26	Kilngate Brae *EH17*	52	BM22	Kirklands, Pen. *EH26*	66	BA38
Johnsburn Haugh, Bal. *EH14*	56	AK26	Kilwinning Pl, Muss. *EH21*	29	BY13	Kirklands Pk Cres, K'lis. *EH29*	18	AB9
Johnsburn Pk, Bal. *EH14*	56	AK27	Kilwinning St, Muss. *EH21*	29	BZ13			
			Kilwinning Ter, Muss. *EH21*	29	BZ13	Kirklands Pk Gdns, K'lis. *EH29*	18	AB9

Street	Page	Grid	Street	Page	Grid	Street	Page	Grid
Kirklands Pk Gro, K'lis. EH29	18	AB9	Lanark Rd W, Currie EH14	47	AQ23	Learmonth Ter La EH4	24	BB10
Kirklands Pk Rigg, K'lis. EH29	18	AC9	Lang Linn Path EH10	41	BE18	Learmonth Vw **7** EH4	4	BC10
Kirklands Pk St, K'lis. EH29	18	AB9	Lang Ln EH17	52	BK25	Ledi Ter, Pen. EH26	67	BC36
Kirkliston Rd, Newbr. EH28	18	AB12	Lang Ln, Lnhd EH20	52	BK25	Lee Cres EH15	27	BQ11
Kirkliston Rd, S Q'fry EH30	6	AD3	Langlaw Rd, Dalk. EH22	55	BZ27	Leighton Cres (Easth.), Dalk. EH22	55	BY28
Kirkstyle Gdns, K'lis. EH29	18	AD10	Langton Rd EH9	41	BG16	Leith Docks EH6	13	BH4
Kirkton Bk, Pen. EH26	66	AZ38	Lansbury Ct, Dalk. EH22	55	BW24	Leith Links EH6	14	BJ7
Kirkwood Pl **9** EH7	26	BJ10	Lansdowne Cres EH12	24	BB12	Leith St EH1	5	BF10
Kisimul Ct **7** EH12	21	AR12	Lapicide Pl EH6	13	BG6	Leith Wk EH6	25	BG9
Kittle Yards EH9	41	BG14	Larbourfield EH11	38	AT18	Leith Wk EH7	25	BG9
Klondyke St (Newcr.), Muss. EH21	28	BU15	Larch Cres (Mayf.), Dalk. EH22	69	CB29	Lennel Av EH12	23	AY11
Klondyke Way (Newcr.), Muss. EH21	28	BT15	Larchfield, Bal. EH14	56	AL25	Lennie Cotts EH12	20	AM11
Knightslaw Pl, Pen. EH26	66	AZ38	Larchfield Neuk, Bal. EH14	56	AL25	Lennox Row EH5	12	BD5
Knowetop Pl, Ros. EH25	65	BH32	Largo Pl EH6	13	BG6	Lennox St EH4	4	BC10
Komarom Pl, Dalk. EH22	55	BZ24	Larkfield Dr, Dalk. EH22	54	BT26	Lennox St La EH4	4	BC10
Kyle Pl EH7	5	BH10	Larkfield Rd, Dalk. EH22	54	BU25	Lennymuir EH12	20	AK10
			Lasswade Bk EH17	52	BL22	Leopold Pl EH7	25	BG9
L			Lasswade Gro EH17	52	BL22	Leslie Pl EH4	24	BC9
Laburnum Av (Port S.), Pres. EH32	17	CM7	Lasswade Rd EH16	42	BK20	Leven Cl **4** EH3	4	BD13
Laburnum Pl (Mayf.), Dalk. EH22	69	CA29	Lasswade Rd EH17	42	BL21	Leven St EH3	4	BD13
Lade, The, Bal. EH14	56	AM27	Lasswade Rd, Dalk. EH22	54	BT25	Leven Ter EH3	4	BE13
Ladehead EH6	13	BF7	Lasswade Rd, Lass. EH18	53	BP26	Lewis Ter **12** EH11	4	BC12
Ladiemeadow EH12	38	AU14	Lasswade Rd, Lnhd EH20	52	BM27	Lewisvale Av, Muss. EH21	30	CA14
Lady Brae, Gore. EH23	68	BZ36	Latch Pk EH13	49	AZ20	Lewisvale Ct, Muss. EH21	30	CA14
Lady Brae Pl, Gore. EH23	68	CA35	Lauder Ln EH9	41	BG15	Leyden Pk, Bonny. EH19	53	BR27
Lady Emily Way, Gore. EH23	68	BY35	Lauder Rd EH9	41	BF14	Leyden Pl **1**, Bonny. EH19	61	BR28
Lady Lawson St EH3	4	BE12	Lauder Rd, Dalk. EH22	55	BX25	Liberton Brae EH16	42	BJ19
Lady Menzies Pl EH7	26	BJ10	Lauderdale St EH9	41	BE14	Liberton Dr EH16	41	BH19
Lady Nairne Cres EH8	26	BM12	Laurel Bk, Dalk. EH22	55	BY25	Liberton Gdns EH16	42	BJ21
Lady Nairne Gro EH8	26	BM12	Laurel Ter **6** EH11	40	BA14	Liberton Pl EH16	42	BJ20
Lady Nairne Ln EH8	26	BM12	Laurelbank Pl **1** (Mayf.), Dalk. EH22	69	CA29	Liberton Rd EH16	42	BJ18
Lady Nairne Pl EH8	26	BM12	Laurelbank Rd (Mayf.), Dalk. EH22	69	CA29	Liddesdale Pl EH3	24	BD9
Lady Rd EH16	42	BJ16	Laurie St EH6	14	BJ7	Lidgate Shot (Ratho), Newbr. EH28	35	AF17
Lady Rd Pl **2** (Newt.), Dalk. EH22	63	BX29	Lauriston Fm Rd EH4	10	AU7	Lilac Av (Mayf.), Dalk. EH22	69	CB29
Lady Stair's Cl **6** EH1	5	BF11	Lauriston Gdns EH3	4	BE12	Lily Ter **1** EH11	40	BA15
Lady Wynd EH1	4	BE12	Lauriston Pk EH3	4	BE12	Lilyhill Ter EH8	26	BL10
Ladycroft, Bal. EH14	56	AL26	Lauriston Pl EH3	4	BD13	Lime Gro (Mayf.), Dalk. EH22	69	CA29
Ladysmith Rd EH9	41	BG17	Lauriston St EH3	4	BE12	Lime Pl, Bonny. EH19	61	BR29
Ladywell, Muss. EH21	29	BY13	Lauriston Ter EH3	4	BE12	Limefield EH17	53	BN22
Ladywell Av EH12	22	AT13	Laverock Dr, Pen. EH26	66	AZ36	Limes, The EH10	40	BC15
Ladywell Ct EH12	22	AT13	Laverockbank Av EH5	13	BE5	Lindean Pl EH6	14	BK7
Ladywell Gdns EH12	22	AT13	Laverockbank Cres EH5	13	BE5	Linden Pl **6**, Lnhd EH20	52	BM27
Ladywell Ho EH12	22	AT13	Laverockbank Gdns EH5	13	BE5	Lindores Dr, Tran. EH33	33	CM13
Ladywell Rd EH12	22	AS13	Laverockbank Gro EH5	13	BE5	Lindsay Pl EH6	13	BG5
Ladywell Way, Muss. EH21	29	BY13	Laverockbank Ter EH5	13	BE5	Lindsay Rd EH6	13	BG5
Laichfield EH14	39	AX16	Laverockdale Cres EH13	49	AX21	Lindsay St EH6	13	BG5
Laichpark Ln **3** EH14	39	AX16	Laverockdale Ln EH13	49	AX22	Lingerwood Cotts **1** (Newt.), Dalk. EH22	63	BX31
Laichpark Pl EH14	39	AX16	Laverockdale Pk EH13	49	AX22	Lingerwood Rd (Newt.), Dalk. EH22	63	BW31
Laichpark Rd EH14	39	AX16	Law Pl **16** EH15	27	BQ10	Lingerwood Wk (Newt.), Dalk. EH22	63	BX31
Laing Ter EH15	28	BS11	Lawers Sq, Pen. EH26	67	BC36	Linkfield Ct **1**, Muss. EH21	30	CA13
Laing Ter, Pen. EH26	67	BB36	Lawfield Rd (Mayf.), Dalk. EH22	55	BZ28	Linkfield Rd, Muss. EH21	29	BZ13
Laird Ter, Bonny. EH19	62	BS29	Lawhead Pl, Pen. EH26	66	AY38	Links Av, Muss. EH21	29	BX12
Lamb's Cl **2** EH8	5	BG13	Lawnmarket EH1	5	BF11	Links Ct (Port S.), Pres. EH32	17	CM7
Lamb's Ct **8** EH6	13	BE4	Lawrie Dr, Pen. EH26	66	BA36	Links Gdns EH6	14	BK6
Lamb's Pend, Pen. EH26	67	BB39	Lawrie Ter, Lnhd EH20	60	BK28	Links Gdns La EH6	14	BK6
Lammermoor Gdns, Tran. EH33	32	CK13	Lawson Cres, S Q'fry EH30	7	AE3	Links La **9** EH6	14	BJ6
Lammermoor Ter EH16	42	BL18	Leadervale Rd EH16	41	BH19	Links Pl EH6	14	BJ6
Lammermoor Ter, Tran. EH33	32	CK13	Leadervale Ter EH16	41	BH19	Links Pl (Port S.), Pres. EH32	17	CN7
Lammerview, Tran. EH33	33	CL14	Leamington Pl EH10	4	BD13	Links Rd (Port S.), Pres. EH32	17	CN7
Lampacre Rd EH12	23	AU13	Leamington Rd EH3	4	BC13	Links St, Muss. EH21	29	BY13
Lanark Rd EH13	48	AV20	Leamington Ter EH10	4	BD13	Links Vw, Muss. EH21	29	BX12
Lanark Rd EH14	39	AW19	Learmonth Av EH4	24	BB9	Links Vw (Port S.), Pres. EH32	17	CN7
Lanark Rd, Jun. Grn EH14	48	AT22	Learmonth Ct EH4	24	BB10	Links Wk (Port S.), Pres. EH32	17	CN7
Lanark Rd W, Bal. EH14	56	AJ25	Learmonth Cres EH4	24	BB10	Linksview Ho EH6	14	BJ6
			Learmonth Gdns EH4	24	BB10			
			Learmonth Gdns La EH4	24	BB10			
			Learmonth Gdns Ms EH4	24	BC9			
			Learmonth Gro EH4	24	BB9			
			Learmonth Pk EH4	24	BB9			
			Learmonth Pl EH4	24	BB9			
			Learmonth Ter EH4	24	BB10			

Name	Page	Grid	Name	Page	Grid	Name	Page	Grid
Linn Mill, S Q'fry *EH30*	6	AA2	Logie Grn Gdns *EH7*	25	BE8	Lutton Pl *EH8*	5	BG13
Linty La, Pen. *EH26*	66	AZ37	Logie Grn Ln *EH7*	25	BE8	Lygon Rd *EH16*	41	BH17
Lismore Av *EH8*	26	BL10	Logie Grn Rd *EH7*	25	BE8	Lyndene Sq, Lnhd *EH20*	59	BH26
Lismore Cres *EH8*	26	BL10	Logie Mill *EH7*	25	BE8	Lyne St *EH7*	26	BJ10
Liston Dr, K'lis. *EH29*	18	AC9	Lomond Rd *EH5*	12	BD5	Lyne Ter, Pen. *EH26*	67	BC36
Liston Pl, K'lis. *EH29*	18	AC9	Lomond Vale, Pen. *EH26*	67	BC36	Lynedoch Pl *EH3*	4	BC11
Liston Rd, K'lis. *EH29*	18	AC10	Lomond Wk, Lnhd *EH20*	59	BH26	Lynedoch Pl La *EH3*	4	BC11
Little Acre, Dalk. *EH22*	55	BZ27	London Rd *EH7*	5	BG10			
Little France Ho *EH17*	42	BM19	London Rd *EH8*	26	BL10	**M**		
Little France Mills **2** *EH16*	42	BM18	London Rd, Dalk. *EH22*	55	BW24			
Little King St *EH1*	5	BF10	London St *EH3*	25	BF9	Maby's Way, Newbr. *EH28*	19	AF12
Little Rd *EH16*	42	BJ20	Long Craig Rigg *EH5*	11	AY4	Mac Cormick Ter, Pen.	64	BB35
Littlejohn Rd *EH10*	40	BA19	Long Craig Rd *EH5*	11	AY4	*EH26*		
Livesey Ter, Pen. *EH26*	64	BC35	Long Craigs (Port S.),	17	CN8	Macbeth Moir Rd, Muss.	30	CC13
Livingstone Pl *EH9*	41	BF14	Pres. *EH32*			*EH21*		
Lixmount Av *EH5*	13	BE5	Long Crook, S Q'fry *EH30*	6	AC3	Macdowall Rd *EH9*	41	BG16
Lixmount Gdns *EH5*	13	BE5	Long Dalmahoy Rd, Bal.	46	AL22	Mackenzie Pl *EH3*	4	BD10
Loan, The, Lnhd *EH20*	60	BK28	*EH14*			Maclean Pl, Gore. *EH23*	68	BZ34
Loan, The, S Q'fry *EH30*	6	AD2	Longdykes Rd, Pres. *EH32*	16	CK9	Maclean Pl, Lass. *EH18*	61	BN29
Loanburn, Pen. *EH26*	66	BA38	Longformacus Rd *EH16*	42	BJ20	Mactaggart Ln (Newt.),	63	BX31
Loanburn Av, Pen. *EH26*	67	BB37	Longstone Av *EH14*	39	AW17	Dalk. *EH22*		
Loanhead Rd (Strait.),	52	BJ25	Longstone Cotts **1** *EH14*	39	AW17	Madeira Pl *EH6*	13	BG6
Lnhd *EH20*			Longstone Cres *EH14*	39	AW17	Madeira St *EH6*	13	BG5
Loaning Cres *EH7*	14	BM9	Longstone Gdns *EH14*	38	AV16	Maesterton Pl (Newt.),	63	BX31
Loaning Rd *EH7*	14	BL9	Longstone Gro *EH14*	39	AW17	Dalk. *EH22*		
Loch Pl, S Q'fry *EH30*	6	AD2	Longstone Pk *EH14*	39	AW17	Magdala Cres *EH12*	24	BB12
Loch Rd *EH4*	23	AW9	Longstone Pl *EH14*	39	AW17	Magdala Ms *EH12*	24	BB12
Loch Rd, S Q'fry *EH30*	6	AD2	Longstone Rd *EH14*	39	AW17	Magdalene Av *EH15*	27	BR13
Loch Rd, Tran. *EH33*	33	CM13	Longstone St *EH14*	39	AW17	Magdalene Ct *EH15*	27	BR13
Loch Sq, Tran. *EH33*	33	CM13	Longstone Ter *EH14*	38	AV16	Magdalene Dr *EH15*	27	BR13
Lochend (Ratho Sta),	34	AD13	Longstone Vw *EH14*	38	AV16	Magdalene Gdns *EH15*	27	BR13
Newbr. *EH28*			Lonsdale Ter *EH3*	4	BE13	Magdalene Ln *EH15*	27	BR13
Lochend Av *EH7*	14	BK9	Lord Russell Pl **6** *EH9*	41	BG14	Magdalene Medway *EH15*	27	BR13
Lochend Castle Barns *EH7*	14	BK9	Loretto Ct, Muss. *EH21*	29	BX15	Magdalene Pl *EH15*	27	BR13
Lochend Cl *EH8*	5	BH11	Lorimer Vw, Jun. Grn	48	AU21	Maidencraig Ct *EH4*	23	AY9
Lochend Cres *EH7*	14	BL9	*EH14*			Maidencraig Cres *EH4*	23	AY9
Lochend Dr *EH7*	14	BK9	Lorne Gro (Strait.), Lnhd	52	BJ26	Maidencraig Gro *EH4*	23	AY9
Lochend Gdns *EH7*	14	BK9	*EH20*			Main Pt *EH3*	4	BE12
Lochend Gro *EH7*	14	BK9	Lorne Pl *EH6*	25	BH8	Main St (David.M.) *EH4*	22	AW8
Lochend Ind Est, Newbr.	34	AD14	Lorne Sq *EH6*	25	BH8	Main St, Bal. *EH14*	56	AL25
EH28			Lorne St *EH6*	25	BH8	Main St (Newt.), Dalk.	63	BW30
Lochend Pk *EH7*	14	BK9	Lothian Bk, Dalk. *EH22*	54	BV26	*EH22*		
Lochend Quad *EH7*	14	BK9	Lothian Dr (Easth.), Dalk.	55	BY27	Main St, Gore. *EH23*	68	BY36
Lochend Rd *EH6*	14	BK8	*EH22*			Main St, K'lis. *EH29*	18	AD9
Lochend Rd *EH7*	14	BK8	Lothian Rd *EH1*	4	BD11	Main St, Lnhd *EH20*	59	BH28
Lochend Rd, Newbr. *EH28*	18	AC12	Lothian Rd *EH3*	4	BD11	Main St (Ratho), Newbr.	35	AF17
Lochend Rd N, Muss. *EH21*	29	BX13	Lothian Rd, Dalk. *EH22*	55	BW24	*EH28*		
Lochend Rd S *EH7*	14	BK9	Lothian St *EH1*	5	BF12	Main St, Ros. *EH25*	59	BH31
Lochend Rd S, Muss. *EH21*	29	BX13	Lothian St, Bonny. *EH19*	61	BR28	Main St (Dalm.), S Q'fry	7	AG4
Lochend Sq *EH7*	14	BK9	Lothian St, Dalk. *EH22*	55	BW24	*EH30*		
Lochrin Bldgs *EH3*	4	BD13	Lothian St, Rose. *EH24*	60	BM33	Mains of Craigmillar *EH16*	42	BM17
Lochrin Pl *EH3*	4	BD13	Lothian Ter (Newt.), Dalk.	63	BX31	Maitland Av, Muss. *EH21*	29	BW13
Lochrin Ter **5** *EH3*	4	BD13	*EH22*			Maitland Hog La, K'lis.	18	AC10
Lochside Av *EH12*	37	AP14	Lothianburn Junct *EH10*	50	BD23	*EH29*		
Lochside Ct *EH12*	37	AQ15	Louisa Sq, Rose. *EH24*	60	BM33	Maitland Pk Rd, Muss.	29	BW13
Lochside Cres *EH12*	37	AQ15	Lovedale Av, Bal. *EH14*	56	AK26	*EH21*		
Lochside Pl *EH12*	37	AQ15	Lovedale Cres, Bal. *EH14*	56	AK26	Maitland Rd, K'lis. *EH29*	18	AC9
Lochside Vw *EH12*	37	AP14	Lovedale Gdns, Bal. *EH14*	56	AL26	Maitland St, Muss. *EH21*	29	BW13
Lochside Way *EH12*	37	AQ15	Lovedale Gro, Bal. *EH14*	56	AK26	Malbet Pk *EH16*	42	BK20
Lochview Ct *EH8*	5	BH11	Lovedale Rd, Bal. *EH14*	56	AL26	Malbet Wynd *EH16*	42	BK20
Lockerby Cotts *EH16*	42	BL21	Lovers La, S Q'fry *EH30*	7	AE3	Mall Av, Muss. *EH21*	29	BY13
Lockerby Cres *EH16*	42	BL21	Lovers' Ln *EH9*	41	BF14	Malleny Av, Bal. *EH14*	56	AL26
Lockerby Gro *EH16*	42	BL21	Lower Broomieknowe,	61	BQ28	Malleny Millgate, Bal.	56	AM28
Lockhart Ter, Ros. *EH25*	65	BH32	Lass. *EH18*			*EH14*		
Lockharton Av *EH14*	39	AZ17	Lower Gilmore Pl *EH3*	4	BC13	Malta Grn **8** *EH4*	24	BD9
Lockharton Cres *EH14*	39	AZ17	Lower Granton Rd *EH5*	12	BD5	Malta Ter *EH4*	24	BD9
Lockharton Gdns *EH14*	40	BA16	Lower Joppa *EH15*	28	BS11	Manderston St *EH6*	13	BH7
Logan St *EH3*	25	BE9	Lower London Rd *EH7*	26	BJ10	Mannering Pl *EH16*	42	BK19
Loganlea Av *EH7*	14	BM9	Lower Valleyfield Vw,			Manor Pl *EH3*	4	BC11
Loganlea Dr *EH7*	26	BL10	Pen. *EH26*	67	BB39	Manse La, Muss. *EH21*	29	BZ13
Loganlea Gdns *EH7*	14	BL9	Lowrie Av, Pen. *EH26*	66	AY38	Manse La (Port S.), Pres.	17	CL7
Loganlea Ln *EH7*	14	BM9	Lufra Bk *EH5*	12	BC5	*EH32*		
Loganlea Pl *EH7*	26	BM10	Lugton Brae, Dalk. *EH22*	54	BV23	Manse Rd *EH12*	22	AT13
Loganlea Rd *EH7*	14	BM9	Lumsden Ct (Ratho),	35	AF17	Manse Rd, K'lis. *EH29*	18	AC10
Loganlea Ter *EH7*	14	BM9	Newbr. *EH28*			Manse Rd, Ros. *EH25*	60	BJ32
			Lussielaw Rd *EH9*	41	BH17	Manse St *EH12*	22	AT13

Name	Page	Grid
Mansfield Av (Newt.), Dalk. EH22	63	BX29
Mansfield Av, Muss. EH21	29	BY14
Mansfield Ct, Muss. EH21	29	BZ14
Mansfield Pl EH3	25	BF9
Mansfield Pl (Newt.), Dalk. EH22	63	BX29
Mansfield Pl, Muss. EH21	29	BY14
Mansfield Rd, Bal. EH14	56	AL27
Mansfield Rd (Newt.), Dalk. EH22	63	BX29
Mansfield Rd, Muss. EH21	29	BY13
Mansionhouse Rd EH9	41	BF14
March Gait EH4	22	AV9
March Gro EH4	22	AV9
March Pines EH4	22	AV9
March Rd EH4	22	AV9
Marchbank Dr, Bal. EH14	56	AL27
Marchbank Gdns, Bal. EH14	56	AL27
Marchbank Gro, Bal. EH14	56	AL27
Marchbank Pl, Bal. EH14	56	AL27
Marchbank Way, Bal. EH14	56	AL26
Marchburn Dr, Pen. EH26	66	AY38
Marchfield Gro EH4	23	AW8
Marchfield Pk EH4	22	AV8
Marchfield Pk La EH4	22	AV8
Marchfield Ter EH4	23	AW9
Marchhall Cres EH16	26	BJ14
Marchhall Pl EH16	26	BJ14
Marchhall Rd EH16	26	BJ14
Marchmont Cres EH9	41	BE14
Marchmont Rd EH9	41	BE14
Marchmont St EH9	41	BE14
Mardale Cres EH10	40	BC15
Marine Dr EH4	11	AW5
Marine Dr EH5	10	AT5
Marine Esplanade EH6	14	BL6
Marionville Av EH7	14	BK9
Marionville Cres EH7	14	BL9
Marionville Dr EH7	14	BL9
Marionville Gro EH7	14	BL9
Marionville Medway 1 EH7	14	BL9
Marionville Pk EH7	14	BK9
Marionville Rd EH7	14	BJ10
Marischal Pl 1 EH4	23	AY10
Maritime La EH6	14	BJ6
Maritime St EH6	14	BJ6
Market St EH1	5	BF11
Market St, Muss. EH21	29	BX13
Marlborough St EH15	27	BR11
Marmion Av, Ros. EH25	59	BH31
Marmion Cres EH16	42	BK18
Marshall Rd, K'lis. EH29	18	AC10
Marshall St 23 EH8	5	BG12
Marshall St (Cock.), Pres. EH32	16	CK7
Marshall's Ct 9 EH1	5	BG10
Martello Ct EH4	11	AW6
Martin Gro, Bonny. EH19	54	BT27
Martin Pl, Dalk. EH22	54	BU25
Maryburn Rd (Easth.), Dalk. EH22	55	BY27
Maryfield EH7	5	BH10
Maryfield EH15	27	BR10
Maryfield Pl EH7	26	BJ10
Maryfield Pl, Bonny. EH19	54	BS28
Mary's Pl EH4	24	BC9
Marytree Ho EH17	42	BM19
Masefield Way EH12	20	AK10
Mason Pl, Lass. EH18	61	BP29
Matthews Dr (Newt.), Dalk. EH22	62	BV31
Maulsford Av (Dand.), Dalk. EH22	43	BR20
Maurice Pl EH10	41	BF17
Mauricewood Av, Pen. EH26	67	BB36
Mauricewood Bk, Pen. EH26	67	BB36
Mauricewood Gro, Pen. EH26	67	BB36
Mauricewood Pk, Pen. EH26	67	BB36
Mauricewood Ri, Pen. EH26	67	BB36
Mauricewood Rd, Pen. EH26	64	BA34
Mavisbank, Lnhd EH20	60	BL28
Mavisbank Pl, Lass. EH18	61	BN29
Maxton Ct 1, Dalk. EH22	55	BW24
Maxwell St EH10	40	BC17
May Ct EH4	11	AW6
Maybank Vil EH12	22	AT12
Mayburn Av, Lnhd EH20	52	BK26
Mayburn Bk, Lnhd EH20	52	BK27
Mayburn Br, Lnhd EH20	52	BK26
Mayburn Ct, Lnhd EH20	52	BK27
Mayburn Cres, Lnhd EH20	52	BK26
Mayburn Dr, Lnhd EH20	52	BK26
Mayburn Gro, Lnhd EH20	52	BK26
Mayburn Hill, Lnhd EH20	52	BK27
Mayburn Ln, Lnhd EH20	52	BK26
Mayburn Ter, Lnhd EH20	52	BK26
Mayburn Vale, Lnhd EH20	52	BJ27
Mayburn Wk, Lnhd EH20	52	BK27
Maybury Dr EH12	21	AR10
Maybury Gdns, Lnhd EH20	52	BK26
Maybury Rd EH4	21	AQ11
Maybury Rd EH12	21	AQ12
Mayfield Av, Muss. EH21	29	BX15
Mayfield Ct 3, Lnhd EH20	60	BL28
Mayfield Cres, Lnhd EH20	52	BL27
Mayfield Cres, Muss. EH21	29	BW15
Mayfield Gdns EH9	41	RH15
Mayfield Gdns La EH9	41	BH15
Mayfield Ind Est, Dalk. EH22	63	BY30
Mayfield Pk, Muss. EH21	29	BX16
Mayfield Pl EH12	22	AT13
Mayfield Pl (Mayf.), Dalk. EH22	63	BZ29
Mayfield Pl, Muss. EH21	29	BX16
Mayfield Rd EH9	41	BH15
Mayfield Rd (Easth.), Dalk. EH22	55	BZ27
Mayfield Ter EH9	41	BH15
Mayshade Rd, Lnhd EH20	52	BK26
Mayville Bk, Muss. EH21	30	CC13
Mayville Gdns EH5	13	BE5
Mayville Gdns E EH5	13	BE5
McCathie Dr (Newt.), Dalk. EH22	63	BX29
McDiarmid Gro (Newt.), Dalk. EH22	63	BX31
McDonald Pl EH7	25	BF8
McDonald Rd EH7	25	BF8
McDonald St EH7	25	BG8
McGahey Ct (Newt.), Dalk. EH22	63	BX31
McKelvie Par EH5	12	BD4
McKinlay Ter, Lnhd EH20	60	BJ28
McKinnon Dr (Mayf.), Dalk. EH22	69	CA31
McLaren Rd EH9	26	BJ15
McLaren Ter 20 EH11	4	BC12
McLean Wk (Newt.), Dalk. EH22	63	BX31
McLeod Cres, Pres. EH32	16	CH10
McLeod St EH11	24	BA13
McNeill Av, Lnhd EH20	52	BK27
McNeill Path, Tran. EH33	33	CL13
McNeill Pl, Lnhd EH20	52	BK27
McNeill St EH11	4	BC13
McNeill Ter, Lnhd EH20	52	BJ27
McNeill Wk 14, Tran. EH33	33	CL14
McNeill Way, Tran. EH33	33	CL14
Mcphail Sq, Tran. EH33	33	CM13
McQuade St, Bonny. EH19	54	BT27
Meadow Bk Shop Pk EH7	14	BJ9
Meadow La EH8	5	BF13
Meadow Pl EH9	4	BE13
Meadow Pl (Bils.), Ros. EH25	59	BG29
Meadow Pl La EH9	41	BF14
Meadow Pl Rd EH12	22	AS13
Meadow Rd (Ricc.), Currie EH14	47	AP20
Meadowbank EH8	26	BK10
Meadowbank Av EH8	26	BK10
Meadowbank Cres EH8	26	BK10
Meadowbank Ho EH7	26	BL10
Meadowbank Pl 7 EH8	26	BL10
Meadowbank Ter EH8	26	BK10
Meadowfield Av EH8	26	BM12
Meadowfield Ct EH8	26	BM12
Meadowfield Dr EH8	26	BM12
Meadowfield Gdns EH8	26	BM13
Meadowfield Rd EH12	21	AN11
Meadowfield Ter EH8	26	BM13
Meadowhouse Rd EH12	22	AU13
Meadowside, Tran. EH33	33	CN14
Meadowspot EH10	40	BA17
Mearenside EH12	21	AQ11
Medwin Ho EH11	38	AS18
Meeting Ho Dr, Tran. EH33	33	CL13
Meggat Pl, Pen. EH26	67	BC36
Meggetland Gate EH14	39	AY16
Meggetland Ter EH14	40	BA16
Melbourne Pl 24 EH1	5	BF11
Melgund Ter EH7	25	BF9
Melville Cres EH3	4	BC11
Melville Dr EH9	4	BE13
Melville Dykes Rd, Lass. EH18	53	BR26
Melville Gate Rd, Dalk. EH22	54	BT24
Melville Pl 6 EH3	4	BC11
Melville Rd, Dalk. EH22	54	BU25
Melville St EH3	4	BC11
Melville St La EH3	4	BC11
Melville Ter EH9	41	BF14
Melville Ter, Dalk. EH22	54	BU26
Melville Vw 2, Lass. EH18	53	BQ27
Mentone Av EH15	27	BR10
Mentone Gdns EH9	41	BH15
Mentone Ter EH9	41	BH16
Merchant St EH1	5	BF12
Merchiston Av EH10	40	BC14
Merchiston Bk Av EH10	40	BC15
Merchiston Bk Gdns EH10	40	BC15
Merchiston Cres EH10	40	BC15
Merchiston Gdns EH10	40	BB16
Merchiston Gro EH11	40	BA14
Merchiston Ms EH10	40	BC14
Merchiston Pk EH10	40	BC14
Merchiston Pl EH10	40	BC15
Merlyon Way, Pen. EH26	66	AZ36
Mertoun Pl EH11	40	BB14
Methven Ter, Lass. EH18	61	BP29
Meuse La EH2	5	BF10
Mid Gillsland Rd EH10	40	BB15
Mid Gogarloch Syke EH12	37	AQ14
Mid Liberton EH16	42	BJ17
Mid New Cultins EH11	37	AQ17
Mid Rd, Pres. EH32	32	CH11
Mid Rd Ind Est, Pres. EH32	32	CH11
Mid Steil EH10	40	BA18

Street	Page	Grid
Mid Ter **2**, S Q'fry *EH30*	7	AE2
Middle Meadow Wk *EH3*	5	BF13
Middle Pier *EH5*	12	BB4
Middleby St *EH9*	41	BH15
Middlefield *EH7*	25	BG8
Middleknowe *EH14*	38	AS19
Middlepark **2** *EH14*	38	AS19
Middleshot **3** *EH14*	38	AS19
Middleshot Sq, Pres. *EH32*	16	CK9
Midmar Av *EH10*	41	BE17
Midmar Dr *EH10*	41	BE17
Midmar Gdns *EH10*	40	BD17
Mill La *EH6*	13	BH6
Mill Wynd, Pres. *EH32*	16	CH9
Millar Cres *EH10*	40	BC16
Millar Pl *EH10*	40	BC16
Millar Pl La *EH10*	40	BC16
Millar Rd, Tran. *EH33*	33	CL14
Millbank, Bal. *EH14*	56	AL26
Millbank Gro, Gore. *EH23*	68	BY36
Millbrae Wynd *EH14*	39	AX17
Miller Ct, Tran. *EH33*	32	CK14
Miller Row *EH4*	4	BC11
Millerfield Pl *EH9*	41	BF14
Millerhill Rd, Dalk. *EH22*	43	BR17
Millhill, Muss. *EH21*	29	BZ13
Millhill La, Muss. *EH21*	29	BZ13
Millhill Wynd, Muss. *EH21*	29	BZ13
Milnacre *EH6*	13	BF7
Milton Br, Pen. *EH26*	65	BE33
Milton Cres *EH15*	27	BQ13
Milton Dr *EH15*	28	BT12
Milton Gdns N *EH15*	27	BQ13
Milton Gdns S *EH15*	27	BQ13
Milton Gro *EH15*	28	BU12
Milton Link *EH15*	28	BS13
Milton Rd *EH15*	27	BQ13
Milton Rd E *EH15*	28	BT13
Milton Rd W *EH15*	27	BN13
Milton St *EH8*	26	BJ10
Milton Ter *EH15*	28	BU12
Miner's Ter (Wall.), Muss. *EH21*	31	CD14
Minstrel Ct, Ros. *EH25*	60	BJ32
Minto St *EH9*	41	BH14
Mitchell St *EH6*	14	BJ6
Mitchell St, Dalk. *EH22*	54	BV24
Mitchell Way, Tran. *EH33*	33	CM12
Moat Dr *EH14*	39	AZ15
Moat Ho *EH14*	39	AZ15
Moat Pl *EH14*	39	AZ15
Moat St *EH14*	39	AZ15
Moat Ter *EH14*	39	AZ15
Moat Vw, Ros. *EH25*	65	BH32
Moffat Av, Bonny. *EH19*	61	BR29
Moir Av, Muss. *EH21*	30	CC13
Moir Cres, Muss. *EH21*	30	CC13
Moir Dr, Muss. *EH21*	31	CD13
Moir Pl, Muss. *EH21*	30	CC13
Moir Ter, Muss. *EH21*	30	CC13
Moira Pk *EH7*	27	BN10
Moira Ter *EH7*	27	BN10
Moira Ter La *EH7*	27	BN10
Moncreiffe Ho *EH17*	42	BM19
Moncrieff Ter *EH9*	41	BG14
Monkbarns Gdns *EH16*	42	BK19
Monksrig Rd, Pen. *EH26*	66	AY38
Monkswood Rd (Newt.), Dalk. *EH22*	63	BX31
Monktonhall Pl, Muss. *EH21*	29	BX16
Monktonhall Ter, Muss. *EH21*	29	BX15
Monkwood Ct *EH9*	41	BF15
Monmouth Ter *EH3*	12	BD6
Montagu Ter *EH3*	12	BD7
Montague St *EH8*	5	BG13
Montgomery St *EH7*	25	BG9
Montgomery St La *EH7*	25	BG9
Montpelier *EH10*	40	BC14
Montpelier Pk *EH10*	40	BC14
Montpelier Ter *EH10*	40	BC14
Montrose Ter *EH7*	5	BH10
Moorfield Cotts, Dalk. *EH22*	44	BS19
Moorfoot Ct **4**, Bonny. *EH19*	61	BR28
Moorfoot Pl, Bonny. *EH19*	61	BR29
Moorfoot Pl, Pen. *EH26*	66	BA37
Moorfoot Vw, Bonny. *EH19*	61	BR29
Moorfoot Vw, Gore. *EH23*	68	BY36
Moorfoot Vw (Bils.), Ros. *EH25*	59	BG30
Moray Pk *EH7*	26	BJ10
Moray Pk Ter *EH7*	26	BJ10
Moray Pl *EH3*	4	BD10
Moredun Dykes Rd *EH17*	42	BM21
Moredun Ho *EH17*	42	BM19
Moredun Pk Ct *EH17*	42	BM20
Moredun Pk Dr *EH17*	42	BM19
Moredun Pk Gdns *EH17*	42	BM19
Moredun Pk Grn *EH17*	43	BN20
Moredun Pk Gro *EH17*	43	BN20
Moredun Pk Ln *EH17*	42	BM20
Moredun Pk Rd *EH17*	42	BM20
Moredun Pk St *EH17*	42	BM20
Moredun Pk Vw *EH17*	42	BM20
Moredun Pk Wk *EH17*	43	BN20
Moredun Pk Way *EH17*	42	BM20
Moredunvale Bk *EH17*	42	BM19
Moredunvale Grn *EH17*	42	BM19
Moredunvale Gro *EH17*	42	BM19
Moredunvale Ln *EH17*	42	BM19
Moredunvale Pk *EH17*	42	BM19
Moredunvale Pl *EH17*	42	BM19
Moredunvale Rd *EH17*	42	BM19
Moredunvale Vw *EH17*	42	BM19
Moredunvale Way *EH17*	42	BM19
Morham Gait **6** *EH10*	40	BA19
Morham Gdns **3** *EH10*	40	BA19
Morham Lea **7** *EH10*	40	BA19
Morham Pk **5** *EH10*	40	BA19
Morison Gdns, S Q'fry *EH30*	6	AD2
Morningside Ct *EH10*	40	BC17
Morningside Dr *EH10*	40	BB17
Morningside Gdns *EH10*	40	BB17
Morningside Gro *EH10*	40	BB17
Morningside Pk *EH10*	40	BC16
Morningside Pl *EH10*	40	BC16
Morningside Rd *EH10*	40	BC15
Morningside Ter *EH10*	40	BC16
Morris Rd (Newt.), Dalk. *EH22*	63	BY29
Morrison Av, Tran. *EH33*	33	CN14
Morrison Circ *EH3*	4	BC12
Morrison Cres *EH3*	4	BC12
Morrison Link *EH3*	4	BC12
Morrison St *EH3*	4	BC12
Morrison's Haven, Pres. *EH32*	31	CE11
Morton St *EH15*	28	BS12
Mortonhall Gate *EH16*	51	BG22
Mortonhall Pk Av *EH17*	51	BH22
Mortonhall Pk Bk *EH17*	52	BJ22
Mortonhall Pk Cres *EH17*	52	BJ22
Mortonhall Pk Dr *EH17*	52	BJ22
Mortonhall Pk Gdns *EH17*	51	BH22
Mortonhall Pk Grn *EH17*	51	BH22
Mortonhall Pk Gro *EH17*	51	BH22
Mortonhall Pk Ln *EH17*	51	BH22
Mortonhall Pk Pl *EH17*	52	BJ22
Mortonhall Pk Ter *EH17*	52	BJ22
Mortonhall Pk Vw *EH17*	51	BH22
Mortonhall Pk Way *EH17*	51	BH22
Mortonhall Rd *EH9*	41	BE16
Morven St *EH4*	22	AS10
Morvenside *EH14*	38	AS19
Morvenside Cl *EH14*	38	AS19
Mossgiel Wk *EH16*	42	BJ18
Moston Ter *EH9*	41	BH15
Moubray Gro, S Q'fry *EH30*	7	AE3
Mound, The *EH1*	4	BE11
Mound, The *EH2*	4	BE11
Mound Pl *EH1*	4	BE11
Mount Gra *EH9*	41	BE15
Mount Lo Pl *EH15*	27	BR11
Mount Vernon Rd *EH16*	42	BK19
Mountcastle Bk *EH8*	27	BP11
Mountcastle Cres *EH8*	27	BN11
Mountcastle Dr N *EH8*	27	BN11
Mountcastle Dr N *EH15*	27	BN11
Mountcastle Dr S *EH15*	27	BP12
Mountcastle Gdns *EH8*	27	BN11
Mountcastle Grn *EH8*	27	BN10
Mountcastle Gro *EH8*	27	BN11
Mountcastle Ln *EH8*	27	BN11
Mountcastle Pk *EH8*	27	BN10
Mountcastle Pl *EH8*	27	BN10
Mountcastle Ter *EH8*	27	BN11
Mounthooly Ln *EH10*	51	BE22
Mountjoy Ter, Muss. *EH21*	29	BY12
Mucklets Av, Muss. *EH21*	29	BW15
Mucklets Cts, Muss. *EH21*	29	BW15
Mucklets Cres, Muss. *EH21*	29	BW16
Mucklets Dr, Muss. *EH21*	29	BW15
Mucklets Pl, Muss. *EH21*	29	BW15
Mucklets Rd, Muss. *EH21*	29	BV16
Muir Wd Cres, Currie *EH14*	47	AR22
Muir Wd Dr, Currie *EH14*	47	AR22
Muir Wd Gro, Currie *EH14*	47	AR22
Muir Wd Pl, Currie *EH14*	47	AR21
Muir Wd Rd, Currie *EH14*	47	AR21
Muirdale Ter **1** *EH4*	23	AX9
Muirend Av, Jun. Grn *EH14*	48	AU20
Muirfield Gdns, Lnhd *EH20*	60	BL28
Muirhead Pl, Pen. *EH26*	64	BB35
Muirhouse Av *EH4*	11	AX7
Muirhouse Av N *EH4*	11	AX6
Muirhouse Bk *EH4*	11	AX7
Muirhouse Cl *EH4*	11	AW7
Muirhouse Ct *EH4*	11	AX6
Muirhouse Cres *EH4*	11	AX6
Muirhouse Dr *EH4*	11	AW6
Muirhouse Gdns *EH4*	11	AW6
Muirhouse Grn *EH4*	11	AX7
Muirhouse Gro *EH4*	11	AW6
Muirhouse Ln *EH4*	11	AX6
Muirhouse Medway *EH4*	11	AW6
Muirhouse Pk *EH4*	11	AW7
Muirhouse Parkway *EH4*	11	AX6
Muirhouse Pl E *EH4*	11	AX7
Muirhouse Pl W *EH4*	11	AX7
Muirhouse Ter *EH4*	11	AW7
Muirhouse Vw *EH4*	11	AW6
Muirhouse Way *EH4*	11	AX7
Muirpark, Dalk. *EH22*	54	BU26
Muirpark Ct, Tran. *EH33*	33	CN14
Muirpark Dr, Tran. *EH33*	33	CN14
Muirpark Gdns, Tran. *EH33*	33	CN14
Muirpark Gro, Tran. *EH33*	33	CN14
Muirpark Pl, Tran. *EH33*	33	CN14
Muirpark Rd, Tran. *EH33*	33	CN14
Muirpark Ter, Tran. *EH33*	33	CN14
Muirpark Wynd, Tran. *EH33*	33	CN14
Muirside *EH13*	50	BA22

Muirside Dr, Tran. *EH33*	33	CL14	New Hunterfield, Gore.	63	BX33	Nicolson Sq *EH8*	5	BF12
Mulberry Pl **3** *EH6*	13	BF6	*EH23*			Nicolson St *EH8*	5	BG12
Munro Dr *EH13*	49	AW22	New John's Pl *EH8*	5	BG13	Niddrie Cotts **1** *EH15*	28	BS15
Munro Pl **1** *EH3*	25	BE8	New Lairdship Pl *EH11*	38	AT16	Niddrie Fm Gro *EH16*	27	BN15
Murano Pl *EH7*	25	BH9	New Lairdship Yards *EH11*	38	AT16	Niddrie Ho Av *EH16*	43	BP16
Murderdean Rd (Newt.),	63	BW30	New La *EH6*	13	BF5	Niddrie Ho Dr *EH16*	43	BQ16
Dalk. *EH22*			New Liston Rd, K'lis. *EH29*	18	AC11	Niddrie Ho Gdns *EH16*	43	BP16
Murdoch Ter *EH11*	4	BC13	New Mkt Rd *EH14*	39	AY16	Niddrie Ho Gro **3** *EH16*	43	BQ16
Murieston Cres *EH11*	24	BA13	New Mart Rd *EH14*	39	AX16	Niddrie Ho Pk *EH16*	43	BP16
Murieston Cres La **7** *EH11*	24	BB13	New Meadowspott **4**, Dalk.	54	BV25	Niddrie Ho Sq *EH16*	43	BP16
Murieston La *EH11*	24	BA13	*EH22*			Niddrie Mains Ct **2** *EH16*	27	BP15
Murieston Pl *EH11*	24	BA13	New Orchardfield *EH6*	13	BH7	Niddrie Mains Dr *EH16*	27	BN15
Murieston Rd *EH11*	24	BA13	New Poltonhall, Bonny.	61	BP31	Niddrie Mains Rd *EH16*	27	BN15
Murieston Ter *EH11*	24	BA13	*EH19*			Niddrie Mains Rd *EH16*	27	BN15
Murray Cotts *EH12*	22	AS13	New Row, Tran. *EH33*	33	CL13	Niddrie Mains Ter *EH16*	27	BN15
Murrayburn App *EH14*	38	AT18	New Skinner's Cl *EH1*	5	BG11	Niddrie Marischal Cres	27	BP15
Murrayburn Dr *EH14*	38	AT18	New Star Bk (Newt.), Dalk.	63	BW30	*EH16*		
Murrayburn Gdns *EH14*	38	AU18	*EH22*			Niddrie Marischal Dr *EH16*	43	BP16
Murrayburn Gate *EH14*	38	AT19	New St *EH8*	5	BG11	Niddrie Marischal Gdns	27	BP15
Murrayburn Grn *EH14*	38	AU18	New St *EH17*	52	BM22	*EH16*		
Murrayburn Gro *EH14*	38	AU18	New St, Muss. *EH21*	29	BW13	Niddrie Marischal Grn	43	BP16
Murrayburn Pk *EH14*	38	AT18	New St, Pres. *EH32*	16	CH10	*EH16*		
Murrayburn Pl *EH14*	38	AT18	New St (Cock.), Pres. *EH32*	17	CL7	Niddrie Marischal Gro	27	BQ15
Murrayburn Rd *EH14*	38	AU17	New St, Tran. *EH33*	33	CL12	*EH16*		
Murrayfield Av *EH12*	23	AZ12	New Swanston *EH10*	50	BB22	Niddrie Marischal Ln *EH16*	27	BP15
Murrayfield Dr *EH12*	23	AY12	New Twr Pl **8** *EH15*	27	BR10	Niddrie Marischal Pl *EH16*	43	BP16
Murrayfield Gdns *EH12*	23	AZ11	Newbattle Abbey Cres,	54	BV27	Niddrie Marischal Rd *EH16*	27	BQ15
Murrayfield Pl **1** *EH12*	23	AZ12	Dalk. *EH22*			Niddrie Marischal St *EH16*	27	BP15
Murrayfield Rd *EH12*	23	AY11	Newbattle Gdns, Dalk.	55	BW26	Niddrie Mill Av *EH15*	27	BQ14
Murrays, The *EH17*	52	BL23	*EH22*			Niddrie Mill Cres *EH15*	27	BQ14
Murrays Brae, The *EH17*	52	BL23	Newbattle Rd, Dalk. *EH22*	54	BV25	Niddrie Mill Dr *EH15*	27	BQ14
Musselburgh Rd *EH15*	28	BT12	Newbattle Ter *EH10*	40	BD15	Niddrie Mill Gro *EH15*	27	BQ15
Musselburgh Rd, Dalk.	55	BX23	Newbigging, Muss. *EH21*	29	BZ13	Niddrie Mill Pl *EH15*	27	BQ15
EH22			Newbridge Ind Est, Newbr.	34	AC14	Niddrie Mill Ter *EH15*	27	BQ15
Myre Dale, Bonny. *EH19*	62	BS29	*EH28*			Niddry St *EH1*	5	BF11
Myreside Ct *EH10*	40	BB17	Newbyres Av, Gore. *EH23*	68	BY34	Niddry St S **26** *EH1*	5	BG12
Myreside Rd *EH10*	40	BB16	Newbyres Cres, Gore.	68	BY35	Nigel Ln *EH16*	42	BK19
Myrtle Cres (Bils.), Ros.	59	BG29	*EH23*			Nile Gro *EH10*	40	BD16
EH25			Nowbyres Gdns, Gore.	68	BY35	Nimmo Av, Pres. *EH32*	16	CJ10
Myrtle Gro (Mayf.), Dalk.	55	BZ28	*EH23*			Ninth St (Newt.), Dalk.	63	BX29
EH22			Newcraighall Dr (Newcr.),	28	BT15	*EH22*		
Myrtle Ter *EH11*	40	BA14	Muss. *EH21*			Nisbet Ct *EH7*	14	BK8
			Newcraighall Rd *EH15*	27	BR15	Niven's Knowe Rd, Lnhd	59	BH28
N			Newcraighall Rd, Muss.	28	BT15	*EH20*		
			EH21			Nivensknowe Caravan Pk,	59	BG28
Namur Rd, Pen. *EH26*	64	BB35	Newhailes Av, Muss. *EH21*	29	BW13	Lnhd *EH20*		
Nantwich Dr *EH7*	15	BN8	Newhailes Cres, Muss.	28	BV13	Nobel Pl, Ros. *EH25*	65	BH32
Napier Ln *EH10*	40	BB15	*EH21*			Noble Pl *EH6*	14	BK7
Napier Rd *EH10*	40	BB15	Newhailes Ind Est, Muss.	28	BV14	North Bk Rd, Pres. *EH32*	16	CG10
Neidpath Ct **4** *EH12*	21	AQ12	*EH21*			North Bk St *EH1*	5	BF11
Nellfield *EH16*	42	BK19	Newhailes Rd, Muss. *EH21*	28	BV14	North Br *EH1*	5	BF11
Nelson Pl **10** *EH3*	4	BE10	Newhaven Main St *EH6*	13	BE4	North Br Arc **42** *EH1*	5	BF11
Nelson St *EH3*	4	BE10	Newhaven Pl *EH6*	13	BF4	North Bughtlin Bk *EH12*	21	AR10
Nether Craigour *EH17*	42	BM18	Newhaven Rd *EH6*	13	BG7	North Bughtlin Brae *EH12*	21	AR10
Nether Craigwell *EH8*	5	BH10	Newington Rd *EH9*	41	BG14	North Bughtlin Gate *EH12*	21	AR10
Nether Currie Cres, Currie	47	AR22	Newkirkgate **5** *EH6*	13	BH7	North Bughtlin Neuk **1**	21	AR10
EH14			Newlands Pk *EH9*	41	BH15	*EH12*		
Nether Currie Pl, Currie	47	AR22	Newmains Fm La, K'lis.	18	AC9	North Bughtlin Pl **2** *EH12*	21	AR10
EH14			*EH29*			North Bughtlin Rd *EH12*	21	AQ10
Nether Currie Rd, Currie	47	AR22	Newmains Rd, K'lis. *EH29*	18	AC9	North Bughtlinfield *EH12*	21	AQ10
EH14			Newmills Av, Bal. *EH14*	46	AM23	North Bughtlinrig *EH12*	21	AQ10
Nether Lennie *EH12*	20	AL8	Newmills Cres, Bal. *EH14*	46	AM23	North Bughtlinside *EH12*	21	AQ10
Nether Liberton Ct **1** *EH16*	42	BJ17	Newmills Gro, Bal. *EH14*	46	AM24	North Cairntow *EH16*	26	BM14
Netherbank *EH16*	51	BH21	Newmills Rd, Bal. *EH14*	46	AM24	North Castle St *EH2*	4	BD10
Netherbank Vw *EH16*	51	BH21	Newmills Rd, Dalk. *EH22*	55	BW24	North Charlotte St *EH2*	4	BD10
Netherby Rd *EH5*	12	BC6	Newmills Ter **8**, Dalk. *EH22*	55	BX24	North Clyde St La **11** *EH1*	5	BF10
Nethershot Rd, Pres. *EH32*	16	CJ9	News Steps *EH1*	5	BF11	North Cres, Pres. *EH32*	16	CJ10
Nevis Gdns, Pen. *EH26*	67	BC36	Newtoft St *EH17*	53	BN22	North E Circ Pl *EH3*	4	BD10
New Arthur Pl *EH8*	5	BG12	Newton Ch Rd (Dand.),	43	BR20	North Fort St *EH6*	13	BG5
New Arthur St **29** *EH8*	5	BG12	Dalk. *EH22*			North Gra Av, Pres. *EH32*	32	CG11
New Belfield *EH8*	27	BN12	Newton St *EH11*	40	BA14	North Gra Gro, Pres. *EH32*	16	CH10
New Bells Ct **4** *EH6*	14	BJ6	Newton St (Easth.), Dalk.	55	BY27	North Gra Rd, Pres. *EH32*	16	CH10
New Broompark *EH5*	12	BA4	*EH22*			North Grns *EH15*	27	BR14
New Broughton *EH3*	25	BF9	Newton Village, Dalk.	44	BT19	North Gyle Av *EH12*	37	AR13
New Cut Rigg *EH6*	13	BF6	*EH22*			North Gyle Dr *EH12*	21	AQ12
New Halls Rd, S Q'fry *EH30*	7	AF8	Nichollfield *EH6*	13	BF5	North Gyle Fm Ct *EH12*	37	AQ13

Name	Page	Grid
North Gyle Fm La *EH12*	37	AQ13
North Gyle Gro *EH12*	37	AQ13
North Gyle Ln *EH12*	21	AQ12
North Gyle Pk *EH12*	21	AQ12
North Gyle Rd *EH12*	21	AR12
North Gyle Ter *EH12*	37	AQ13
North High St, Muss. *EH21*	29	BX13
North Hillhousefield *EH6*	13	BG5
North Junct St *EH6*	13	BG5
North Leith Mill **19** *EH6*	13	BG5
North Leith Sands *EH6*	13	BG5
North Lorimer Pl **2** (Cock.), Pres. *EH32*	16	CK7
North Meadow Wk *EH3*	4	BE13
North Meadow Wk *EH8*	4	BE13
North Meggetland *EH14*	39	BA16
North Pk Ter *EH4*	24	BC9
North Peffer Pl *EH16*	26	BM15
North Richmond St **10** *EH8*	5	BG12
North St. Andrew La *EH2*	5	BF10
North St. Andrew St *EH2*	5	BF10
North St. David St *EH2*	5	BF10
North Seton Pk (Port S.), Pres. *EH32*	17	CL7
North St (Ratho), Newbr. *EH28*	35	AF17
North Wk, The *EH10*	40	BC17
North Way, The *EH8*	26	BM11
North Werber Pk *EH4*	24	BA8
North Werber Pl *EH4*	12	BA7
North Werber Rd *EH4*	24	BA8
North W Circ Pl *EH3*	4	BD10
North Wynd, Muss. *EH22*	55	BW24
Northcote St *EH11*	24	BB13
Northfield, Pres. *EH32*	32	CH11
Northfield, Tran. *EH33*	33	CN13
Northfield Av *EH8*	26	BM11
Northfield Bdy *EH8*	26	BM10
Northfield Circ *EH8*	26	BM11
Northfield Ct, Pres. *EH32*	32	CH11
Northfield Cres *EH8*	26	BM11
Northfield Dr *EH8*	27	BN12
Northfield E, Tran. *EH33*	33	CN13
Northfield Fm Av *EH8*	27	BN11
Northfield Fm Rd *EH8*	27	BN11
Northfield Gdns *EH8*	27	BN11
Northfield Gdns, Pres. *EH32*	32	CH11
Northfield Gro *EH8*	27	BN12
Northfield Pk *EH8*	27	BN11
Northfield Pk Gro *EH8*	27	BN11
Northfield Rd *EH8*	26	BM11
Northfield Sq *EH8*	27	BN11
Northfield Ter *EH8*	26	BM11
Northlawn Ct **6** *EH4*	10	AU7
Northlawn Ter *EH4*	10	AU7
Northumberland Pl **12** *EH3*	4	BE10
Northumberland Pl La *EH3*	4	BE10
Northumberland St *EH3*	4	BE10
Northumberland St N E La *EH3*	4	BE10
Northumberland St N W La *EH3*	4	BE10
Northumberland St S E La *EH3*	4	BE10
Northumberland St S W La *EH3*	4	BE10
Northview Ct *EH4*	11	AX6
Norton Pk *EH7*	14	BJ9
Nottingham Pl *EH7*	5	BG10

O

Name	Page	Grid
Oak Av, Lnhd *EH20*	59	BH28
Oak Cres (Mayf.), Dalk. *EH22*	69	CA29
Oak La *EH12*	22	AU10
Oak Pl (Mayf.), Dalk. *EH22*	69	CA29
Oakfield Pl *EH8*	5	BG12
Oakville Ter *EH6*	14	BK7
Observatory Grn *EH9*	41	BG17
Observatory Rd *EH9*	41	BG17
Ocean Dr *EH6*	13	BH5
Ocean Terminal Shop Cen *EH6*	13	BG4
Ochil Ct, S Q'fry *EH30*	7	AE3
Ochiltree Gdns *EH16*	42	BL18
Ogilvie Ter *EH11*	40	BA15
Old Assembly Cl **27** *EH1*	5	BF11
Old Broughton **13** *EH3*	25	BF9
Old Burdiehouse Rd *EH17*	52	BJ24
Old Ch La *EH15*	26	BL13
Old Craighall Rd, Dalk. *EH22*	44	BU20
Old Dalkeith Rd *EH16*	42	BK16
Old Dalkeith Rd *EH17*	42	BK16
Old Dalkeith Rd (Dand.), Dalk. *EH22*	54	BU23
Old Edinburgh Rd, Dalk. *EH22*	54	BV24
Old Fm Av *EH13*	49	AY20
Old Fm Pl *EH13*	49	AX20
Old Fishmarket Cl *EH1*	5	BF11
Old Kirk Rd *EH12*	22	AU12
Old Liston Rd, Newbr. *EH28*	34	AC13
Old Mill La *EH16*	42	BJ17
Old Newmills Rd, Bal. *EH14*	46	AM24
Old Pentland Rd *EH10*	51	BE25
Old Pentland Rd, Lnhd *EH20*	59	BG26
Old Star Rd (Newt.), Dalk. *EH22*	63	BW30
Old Tolbooth Wynd *EH8*	5	BG11
Oliphant Gdns (Wall.), Muss. *EH21*	31	CD14
Olive Bk Rd, Muss. *EH21*	29	BW13
Olivebank Retail Pk, Muss. *EH21*	29	BW13
Orchard, The, Tran. *EH33*	33	CL12
Orchard Bk *EH4*	24	BA10
Orchard Brae *EH4*	24	BB9
Orchard Brae Av *EH4*	24	BA10
Orchard Brae Gdns *EH4*	24	BA10
Orchard Brae Gdns W *EH4*	24	BA10
Orchard Brae W *EH4*	24	BB9
Orchard Cres *EH4*	23	AZ10
Orchard Cres, Pres. *EH32*	16	CH10
Orchard Dr *EH4*	23	AZ10
Orchard Gro *EH4*	24	BB9
Orchard Pk, Tran. *EH33*	33	CL12
Orchard Pl *EH4*	24	BA9
Orchard Rd *EH4*	24	BA10
Orchard Rd S *EH4*	23	AZ10
Orchard Ter *EH4*	24	BA10
Orchard Toll *EH4*	24	BA10
Orchard Vw, Dalk. *EH22*	54	BU25
Orchardfield Av *EH12*	22	AT13
Orchardfield La *EH6*	25	BH8
Orchardhead Ln *EH16*	42	BJ19
Orchardhead Rd *EH16*	42	BJ18
Ormelie Ter *EH15*	28	BS11
Ormidale Ter *EH12*	23	AY12
Ormiston Av, Tran. *EH33*	33	CN13
Ormiston Cres E, Tran. *EH33*	33	CN13
Ormiston Cres W, Tran. *EH33*	33	CN13
Ormiston Pl, Pres. *EH32*	16	CG10
Ormiston Rd, Tran. *EH33*	33	CM13
Ormiston Ter *EH12*	22	AT13
Orrok Pk *EH16*	42	BJ17
Orwell Pl *EH11*	24	BB13
Orwell Ter *EH11*	24	BB13
Osborne Ct (Cock.), Pres. *EH32*	17	CL7
Osborne Ter *EH12*	24	BB12
Osborne Ter (Cock.), Pres. *EH32*	17	CL7
Oswald Ct *EH9*	41	BF16
Oswald Rd *EH9*	41	BF16
Oswald Ter **3** *EH12*	22	AT13
Oswald Ter, Pres. *EH32*	16	CJ10
Otterburn Pk *EH14*	39	AX18
Oxcars Ct *EH4*	11	AW6
Oxcraig St *EH5*	12	BB4
Oxford St *EH8*	5	BH13
Oxford Ter *EH4*	4	BC10
Oxgangs Av *EH13*	50	BA21
Oxgangs Bk *EH13*	50	BB21
Oxgangs Brae *EH13*	50	BB21
Oxgangs Bdy **2** *EH13*	50	BB21
Oxgangs Cres *EH13*	50	BB20
Oxgangs Dr *EH13*	50	BB20
Oxgangs Fm Av *EH13*	50	BA21
Oxgangs Fm Dr *EH13*	50	BA21
Oxgangs Fm Gdns *EH13*	50	BA21
Oxgangs Fm Gro *EH13*	50	BA21
Oxgangs Fm Ln *EH13*	50	BA21
Oxgangs Fm Ter *EH13*	50	BA21
Oxgangs Gdns *EH13*	50	BA20
Oxgangs Grn *EH13*	50	BB20
Oxgangs Gro *EH13*	50	BB20
Oxgangs Hill *EH13*	50	BB20
Oxgangs Ln *EH13*	50	BB20
Oxgangs Medway *EH13*	50	BB21
Oxgangs Pk *EH13*	50	BB21
Oxgangs Path *EH13*	50	BB21
Oxgangs Path E **1** *EH13*	50	BB21
Oxgangs Pl *EH13*	50	BA20
Oxgangs Ri *EH13*	50	BB20
Oxgangs Rd *EH10*	50	BB22
Oxgangs Rd *EH13*	50	BB22
Oxgangs Rd N *EH13*	39	AZ19
Oxgangs Rd N *EH14*	39	AZ19
Oxgangs Row *EH13*	50	BB21
Oxgangs St *EH13*	50	BB21
Oxgangs Ter *EH13*	50	BA21
Oxgangs Vw *EH13*	50	BB21

P

Name	Page	Grid
Paddock, The **1**, Muss. *EH21*	29	BZ12
Paddockholm, The *EH12*	22	AU13
Paisley Av *EH8*	26	BM11
Paisley Cres *EH8*	26	BL11
Paisley Dr *EH8*	26	BM12
Paisley Gdns *EH8*	26	BL11
Paisley Gro *EH8*	26	BM12
Paisley Ter *EH8*	26	BL11
Palmer Pl, Currie *EH14*	47	AP23
Palmer Rd, Currie *EH14*	47	AP22
Palmerston Pl *EH12*	4	BC12
Palmerston Pl La *EH12*	4	BC12
Palmerston Rd *EH9*	41	BF14
Pankhurst Ln, Dalk. *EH22*	55	BZ24
Panmure Pl *EH3*	4	BE13
Pape's Cotts *EH12*	23	AZ12
Paradykes Av, Lnhd *EH20*	52	BJ26
Park Av *EH15*	27	BQ12
Park Av, Gore. *EH23*	68	BY34
Park Av, Lnhd *EH20*	60	BJ28
Park Av, Muss. *EH21*	30	CA14
Park Av (Bils.), Ros. *EH25*	59	BF29
Park Ct, Muss. *EH21*	30	CA14

Name	Page	Grid
Park Cres *EH16*	42	BK19
Park Cres, Bonny. *EH19*	61	BR28
Park Cres (Easth.), Dalk. *EH22*	55	BY27
Park Cres, Lnhd *EH20*	60	BK28
Park Gdns *EH16*	42	BK19
Park Gdns, Muss. *EH21*	30	CA14
Park Gro *EH16*	42	BK20
Park Gro Pl, Muss. *EH21*	30	CA14
Park Gro Ter, Muss. *EH21*	30	CA14
Park Hill, Gore. *EH23*	68	BX34
Park La *EH15*	27	BQ12
Park La, Dalk. *EH22*	54	BV25
Park La, Muss. *EH21*	30	CA14
Park Pl *EH6*	13	BE5
Park Rd *EH6*	13	BE5
Park Rd, Bonny. *EH19*	61	BR28
Park Rd, Dalk. *EH22*	54	BV25
Park Rd (Newt.), Dalk. *EH22*	63	BX29
Park Rd, Gore. *EH23*	68	BY34
Park Rd (Port S.), Pres. *EH32*	17	CM7
Park Ter (Newcr.), Muss. *EH21*	28	BU15
Park Vw, Lnhd *EH20*	60	BK28
Park Vw, Muss. *EH21*	30	CA14
Park Vw (Newcr.), Muss. *EH21*	28	BT15
Park Vw, Pres. *EH32*	16	CK10
Park Vw E (Port S.), Pres. *EH32*	17	CM7
Park Vw W (Port S.), Pres. *EH32*	17	CM7
Parker Av *EH7*	27	BN10
Parker Rd *EH7*	27	BN10
Parker Ter *EH7*	27	BP10
Parkgrove Av *EH4*	22	AS9
Parkgrove Bk *EH4*	22	AS9
Parkgrove Cres *EH4*	22	AS9
Parkgrove Dr *EH4*	21	AR9
Parkgrove Gdns *EH4*	22	AS9
Parkgrove Grn *EH4*	22	AS9
Parkgrove Ln *EH4*	22	AS9
Parkgrove Neuk *EH4*	22	AT9
Parkgrove Path *EH4*	22	AS9
Parkgrove Pl *EH4*	22	AS9
Parkgrove Rd *EH4*	22	AS9
Parkgrove Row *EH4*	22	AS9
Parkgrove St *EH4*	22	AT9
Parkgrove Ter *EH4*	22	AS9
Parkgrove Vw *EH4*	22	AS9
Parkhead Av *EH11*	38	AU17
Parkhead Cres *EH11*	38	AU17
Parkhead Dr *EH11*	38	AV17
Parkhead Gdns *EH11*	38	AU17
Parkhead Gro *EH11*	38	AU17
Parkhead Ln *EH11*	38	AU17
Parkhead Pk **1** (Easth.), Dalk. *EH22*	55	BY27
Parkhead Pl *EH11*	38	AU17
Parkhead Pl (Easth.), Dalk. *EH22*	55	BY27
Parkhead St *EH11*	38	AU17
Parkhead Ter *EH11*	38	AV16
Parkhead Vw *EH11*	38	AU17
Parkside, Newbr. *EH28*	34	AC13
Parkside Ct **6**, Dalk. *EH22*	55	BW24
Parkside Pl, Dalk. *EH22*	55	BW24
Parkside St *EH8*	5	BH13
Parkside Ter *EH16*	5	BH13
Parkvale Pl *EH6*	14	BK7
Parliament Sq *EH1*	5	BF11
Parliament St *EH6*	13	BH6
Parrot La, Gore. *EH23*	68	BY35
Parrotshot *EH15*	27	BQ14
Parsonage, Muss. *EH21*	29	BZ13
Parsons Grn Ter **2** *EH8*	26	BL10
Parsonspool, Bonny. *EH19*	62	BS30
Path Brae, K'lis. *EH29*	18	AC10
Patie's Rd *EH14*	39	AY19
Patrick Geddes Steps **44** *EH1*	4	BE12
Patriothall **10** *EH3*	24	BD9
Pattison St *EH6*	14	BJ6
Peacock Av, Bonny. *EH19*	62	BU29
Peacock Ct *EH6*	13	BF4
Peacock Parkway, Bonny. *EH19*	62	BU29
Peacock Pl, Bonny. *EH19*	62	BT29
Peacocktail Cl *EH15*	27	BR15
Pearce Av *EH12*	22	AS12
Pearce Gro *EH12*	22	AS12
Pearce Rd *EH12*	22	AS12
Peatville Gdns *EH14*	39	AW18
Peatville Ter *EH14*	39	AW18
Peebles Rd, Pen. *EH26*	67	BB40
Peel Ter *EH9*	41	BH15
Peffer Bk *EH16*	26	BM15
Peffer Pl *EH16*	26	BM15
Peffer St *EH16*	26	BM15
Peffermill Ct **1** *EH16*	42	BM16
Peffermill Ind Est *EH16*	26	BM15
Peffermill Rd *EH16*	42	BK16
Peggy's Mill Rd *EH4*	21	AQ7
Pembroke Pl *EH12*	24	BA12
Pendreich Av, Bonny. *EH19*	54	BS27
Pendreich Dr, Bonny. *EH19*	54	BS27
Pendreich Gro, Bonny. *EH19*	54	BS27
Pendreich Ter, Bonny. *EH19*	54	BS27
Pendreich Vw, Bonny. *EH19*	54	BS27
Penicuik Rd, Ros. *EH25*	65	BG32
Pennywell Cotts *EH4*	11	AX5
Pennywell Ct *EH4*	11	AX6
Pennywell Gdns *EH4*	11	AW6
Pennywell Gro *EH4*	11	AX6
Pennywell Medway *EH4*	11	AX6
Pennywell Pl *EH4*	11	AX6
Pennywell Rd *EH4*	11	AX6
Pennywell Vil *EH4*	11	AX5
Pentland Av *EH13*	48	AV21
Pentland Av, Currie *EH14*	47	AP23
Pentland Av (Gowks.), Gore. *EH23*	63	BX32
Pentland Av, Pen. *EH26*	66	BA37
Pentland Br *EH10*	59	BG26
Pentland Caravan Pk, Lnhd *EH20*	59	BG27
Pentland Ct (Bils.), Ros. *EH25*	59	BG29
Pentland Cres *EH10*	50	BC20
Pentland Cres, Rose. *EH24*	60	BM32
Pentland Dr *EH10*	50	BB21
Pentland Gait *EH11*	37	AR18
Pentland Gdns *EH10*	50	BC20
Pentland Gro *EH10*	50	BC20
Pentland Ind Est, Lnhd *EH20*	52	BJ27
Pentland Pl, Currie *EH14*	47	AP23
Pentland Rd *EH13*	49	AW20
Pentland Rd, Bonny. *EH19*	61	BP29
Pentland Ter *EH10*	40	BC19
Pentland Ter, Pen. *EH26*	66	BA37
Pentland Vw *EH10*	50	BC21
Pentland Vw, Currie *EH14*	47	AP23
Pentland Vw, Dalk. *EH22*	55	BY25
Pentland Vw Ct **1**, Currie *EH14*	47	AQ23
Pentland Vw Cres, Ros. *EH25*	65	BH32
Pentland Vw Pl, Ros. *EH25*	65	BH32
Pentland Vw Rd, K'lis. *EH29*	18	AC10
Pentland Vw Rd, Ros. *EH25*	65	BH32
Pentland Vw Ter, Ros. *EH25*	65	BH32
Pentland Vil **1**, Jun. Grn *EH14*	48	AT22
Perdrixknowe *EH14*	39	AZ16
Persevere Ct *EH6*	13	BH5
Perth St *EH3*	24	BD9
Pettigrew's Cl **3**, Dalk. *EH22*	55	BW24
Peveril Ter *EH16*	42	BJ19
Philip Pl, Pen. *EH26*	66	BA36
Picardy Pl *EH1*	5	BG10
Pier Pl *EH6*	13	BE4
Piersfield Gro *EH8*	26	BM10
Piersfield Pl *EH8*	26	BM10
Piersfield Ter *EH8*	26	BM10
Piershill La **3** *EH8*	26	BL10
Piershill Pl **4** *EH8*	26	BL10
Piershill Sq E *EH8*	26	BM10
Piershill Sq W *EH8*	26	BL10
Piershill Ter *EH8*	26	BM11
Pillars, The *EH17*	42	BM20
Pilrig Cotts *EH6*	25	BH8
Pilrig Gdns *EH6*	13	BG7
Pilrig Glebe *EH6*	25	BH8
Pilrig Ho Cl *EH6*	13	BG7
Pilrig Ind Est *EH6*	13	BG7
Pilrig Pl *EH6*	25	BH8
Pilrig St *EH6*	13	BG7
Pilton Av *EH5*	11	AZ6
Pilton Cres *EH5*	12	BB6
Pilton Dr *EH5*	12	BA6
Pilton Dr N *EH5*	12	BA5
Pilton Gdns *EH5*	12	BB6
Pilton Ln *EH5*	12	BA6
Pilton Pk *EH5*	12	BA6
Pilton Pl *EH5*	12	BA6
Pinewood Pl (Mayf.), Dalk. *EH22*	69	CA29
Pinewood Rd (Mayf.), Dalk. *EH22*	69	CA29
Pinewood Vw (Mayf.), Dalk. *EH22*	69	CA29
Pinkhill *EH12*	22	AV13
Pinkie Av, Muss. *EH21*	30	CA14
Pinkie Dr, Muss. *EH21*	30	CA14
Pinkie Hill Cres, Muss. *EH21*	30	CA14
Pinkie Pl, Muss. *EH21*	30	CA14
Pinkie Rd, Muss. *EH21*	30	CA14
Pinkie Ter, Muss. *EH21*	30	CA14
Pinkie Wk **7**, Tran. *EH33*	33	CL14
Pipe La *EH15*	27	BQ10
Pipe St *EH15*	27	BQ10
Pirniefield Bk *EH6*	14	BL7
Pirniefield Gdns *EH6*	14	BL7
Pirniefield Gro *EH6*	14	BL7
Pirniefield Pl *EH6*	14	BL7
Pirniefield Ter *EH6*	14	BL7
Pirrie St *EH6*	13	BH7
Pitlochry Pl *EH7*	14	BJ9
Pitsligo Rd *EH10*	40	BD15
Pitt St *EH6*	13	BF6
Pittencrieff Ct **1**, Muss. *EH21*	30	CB13
Pittville St *EH15*	27	BR11
Pittville St La *EH15*	27	BR11
Place Charente **8**, Dalk. *EH22*	55	BY24
Playfair Steps **29** *EH2*	4	BE11
Pleasance *EH8*	5	BG12
Plewlandcroft, S Q'fry *EH30*	6	AD2
Plewlands Av *EH10*	40	BB17
Plewlands Gdns *EH10*	40	BB17
Plewlands Pl, S Q'fry *EH30*	6	AD3

Street	Page	Grid
Plewlands Ter *EH10*	40	BB17
Pleydell Pl *EH16*	42	BK19
Plough La **5**, Tran. *EH33*	33	CM13
Plummer Ct **2**, Dalk. *EH22*	55	BW24
Polson Gdns, Tran. *EH33*	32	CK13
Polton Av Rd, Bonny. *EH19*	61	BP29
Polton Bk, Lass. *EH18*	61	BN29
Polton Bk Ter, Lass. *EH18*	61	BN29
Polton Cotts, Lass. *EH18*	60	BM29
Polton Ct, Bonny. *EH19*	61	BR29
Polton Dr, Lass. *EH18*	61	BP29
Polton Gdns, Lass. *EH18*	61	BQ28
Polton Pl, Bonny. *EH19*	61	BR28
Polton Rd, Lass. *EH18*	61	BQ28
Polton Rd (Polt.), Lass. *EH18*	60	BM29
Polton Rd, Lnhd *EH20*	60	BL28
Polton Rd W, Lass. *EH18*	61	BN29
Polton St, Bonny. *EH19*	61	BR29
Polton Ter **3**, Lass. *EH18*	61	BQ28
Poltonhall **2**, Bonny. *EH19*	61	BQ30
Polwarth Cres *EH11*	40	BC14
Polwarth Cres, Pres. *EH32*	16	CJ10
Polwarth Gdns *EH11*	40	BB14
Polwarth Gro *EH11*	40	BB15
Polwarth Pk *EH11*	40	BB14
Polwarth Pl *EH11*	40	BB14
Polwarth Ter *EH11*	40	BB15
Polwarth Ter, Pres. *EH32*	16	CJ10
Pomathorn Bk, Pen. *EH26*	67	BB39
Pomathorn Rd, Pen. *EH26*	67	BB39
Ponton St *EH3*	4	BD13
Poplar La *EH6*	14	BJ6
Poplar Pk (Port S.), Pres. *EH32*	17	CM8
Poplar Path, Lnhd *EH20*	59	BH28
Poplar St (Mayf.), Dalk. *EH22*	69	CA29
Poplar Ter, Bonny. *EH19*	61	BR29
Port Hamilton *EH3*	4	BD12
Port Seton Harbour (Port S.), Pres. *EH32*	17	CL7
Porterfield Rd *EH4*	24	BA8
Portgower Pl *EH4*	24	BC9
Portland Pl **9** *EH6*	13	BG5
Portland St *EH6*	13	BG5
Portland Ter **10** *EH6*	13	BG5
Portobello High St *EH15*	27	BQ10
Portobello Rd *EH8*	26	BM10
Portsburgh Sq **30** *EH1*	4	BE12
Post Rd, Tran. *EH33*	32	CJ13
Potterrow *EH8*	5	BF12
Potter's Path **16**, Tran. *EH33*	33	CL13
Pottery, The **15** *EH15*	27	BQ10
Pottery, The, Pres. *EH32*	16	CG10
Povert Rd, Bonny. *EH19*	62	BV33
Povert Rd, Bonny. *EH23*	62	BV34
Powderhall Rd *EH7*	25	BF8
Powdermill Brae, Gore. *EH23*	68	BY37
Preston Av, Pres. *EH32*	16	CK10
Preston Ct, Pres. *EH32*	32	CH11
Preston Cres, Pres. *EH32*	16	CK9
Preston Cross Cotts **3**, Pres. *EH32*	16	CJ10
Preston Rd, Pres. *EH32*	32	CH11
Preston St, Rose. *EH24*	60	BM33
Preston Ter, Pres. *EH32*	16	CK10
Prestonfield Av *EH16*	26	BJ15
Prestonfield Bk *EH16*	26	BJ15
Prestonfield Cres *EH16*	26	BJ15
Prestonfield Gdns *EH16*	26	BJ15
Prestonfield Rd *EH16*	26	BJ15
Prestonfield Ter *EH16*	26	BJ15
Prestongrange, Pres. *EH32*	31	CF11
Prestongrange Ter, Pres. *EH32*	32	CG11
Prestonhall Cres, Rose. *EH24*	60	BM32
Prestonhall Rd, Rose. *EH24*	60	BM33
Prestonpans Ind Est, Pres. *EH32*	32	CJ11
Priestfield Av *EH16*	26	BK15
Priestfield Cres *EH16*	26	BK15
Priestfield Gdns *EH16*	26	BK15
Priestfield Gro *EH16*	26	BJ14
Priestfield Rd *EH16*	26	BJ15
Priestfield Rd N *EH16*	26	BJ14
Primrose Bk Rd *EH5*	12	BD5
Primrose Cres, Dalk. *EH22*	55	BY25
Primrose Dr (Craig.), S Q'fry *EH30*	20	AM8
Primrose Gdns, S Q'fry *EH30*	7	AE3
Primrose St *EH6*	14	BJ7
Primrose Ter *EH11*	40	BA14
Primrose Ter **1**, Dalk. *EH22*	55	BY25
Prince of Wales Dock *EH6*	13	BH4
Prince Regent St *EH6*	13	BG5
Princes Mall *EH1*	5	BF11
Princes St *EH1*	4	BE11
Princes St *EH2*	4	BE11
Priory Gro, S Q'fry *EH30*	6	AD3
Private Rd, Gore. *EH23*	68	BZ36
Promenade *EH6*	15	BP8
Promenade, Muss. *EH21*	29	BX12
Promenade, The (Port S.), Pres. *EH32*	17	CM7
Promenade Ter *EH15*	27	BQ10
Prospect Bk Cres *EH6*	14	BK7
Prospect Bk Gdns *EH6*	14	BK8
Prospect Bk Gro *EH6*	14	BL7
Prospect Bk Pl *EH6*	14	BL7
Prospect Bk Rd *EH6*	14	BK7
Prospect Bk Ter *EH6*	14	BL7
Provost Haugh, Currie *EH14*	47	AR22
Provost Milne Gro, S Q'fry *EH30*	7	AF4
Pryde Av, Bonny. *EH19*	61	BQ28
Pryde Ter, Bonny. *EH19*	61	BQ28
Pypers Wynd, Pres. *EH32*	16	CH9

Q

Street	Page	Grid
Quadrant, The, Pen. *EH26*	67	BB37
Quality St *EH4*	22	AV8
Quality St La *EH4*	22	AV8
Quarry Cl *EH8*	5	BG13
Quarry Cotts *EH15*	27	BR15
Quarry Howe **1**, Bal. *EH14*	56	AL26
Quarrybank *EH14*	38	AS19
Quarrybank Cl *EH14*	38	AS19
Quarrybank Ct *EH14*	38	AS19
Quarrybank End *EH14*	38	AS19
Quarryfoot Gdns, Bonny. *EH19*	61	BR28
Quarryfoot Grn, Bonny. *EH19*	54	BS28
Quarryfoot Pl, Bonny. *EH19*	61	BR28
Quarryview **1** *EH14*	38	AS19
Quayside Mills **3** *EH6*	13	BH6
Quayside St *EH6*	13	BH6
Queen Anne Dr, Newbr. *EH28*	34	AD13
Queen Charlotte La *EH6*	14	BJ6
Queen Charlotte St *EH6*	14	BJ6
Queen Margaret Cl *EH10*	51	BE22
Queen Margaret Dr, S Q'fry *EH30*	7	AE2
Queen St *EH2*	4	BD10
Queen St Gdns E *EH3*	4	BE10
Queen St Gdns W *EH3*	4	BE10
Queen's Av *EH4*	23	AX9
Queen's Av S *EH4*	23	AY9
Queen's Bay Cres *EH15*	28	BT12
Queen's Cres *EH9*	41	BH15
Queen's Dr *EH8*	5	BH12
Queen's Gdns *EH4*	23	AY9
Queen's Pk Av *EH8*	26	BK10
Queen's Pk Ct *EH8*	26	BL11
Queen's Rd *EH4*	23	AY9
Queen's Wk *EH16*	27	BN15
Queensferry Rd *EH4*	24	BB10
Queensferry Rd (Cram.) *EH4*	22	AS9
Queensferry Rd, K'lis. *EH29*	18	AC9
Queensferry St *EH2*	4	BC11
Queensferry St La *EH2*	4	BC11
Queensferry Ter *EH4*	24	BA10
Queensway, Pen. *EH26*	66	BA36
Quilts, The *EH6*	13	BG6
Quilts Wynd *EH6*	13	BG6

R

Street	Page	Grid
Raeburn Ms *EH4*	24	BC9
Raeburn Pl *EH4*	24	BC9
Raeburn St *EH4*	24	BC9
Rae's Ct *EH16*	52	BJ22
Raes Gdns, Bonny. *EH19*	61	BR28
Ramillies Ct, Pen. *EH26*	66	BC35
Ramsay Cres (Mayf.), Dalk. *EH22*	69	CA30
Ramsay Gdn *EH1*	4	BE11
Ramsay La *EH1*	4	BE11
Ramsay Pl **9** *EH15*	27	BQ10
Ramsay Pl, Pen. *EH26*	66	AY37
Ramsay Ter, Lass. *EH18*	61	BP29
Ramsay Wk **4** (Mayf.), Dalk. *EH22*	69	CA30
Randolph Cliff *EH3*	4	BC11
Randolph Cres *EH3*	4	BC11
Randolph La *EH3*	4	BD11
Randolph Pl *EH3*	4	BD11
Rankeillor St *EH8*	5	BG13
Rankin Av *EH9*	41	BH17
Rankin Dr *EH9*	41	BG17
Rankin Rd *EH9*	41	BH16
Rannoch Gro *EH4*	22	AT10
Rannoch Pl *EH4*	22	AT10
Rannoch Rd *EH4*	22	AU10
Rannoch Ter *EH4*	22	AT10
Ransome Gdns *EH4*	22	AT10
Ratcliffe Ter *EH9*	41	BG14
Rathbone Pl *EH15*	27	BR10
Ratho Pk Rd (Ratho), Newbr. *EH28*	35	AG17
Ravelrig Gait, Bal. *EH14*	56	AK25
Ravelrig Hill, Bal. *EH14*	56	AK25
Ravelrig Pk, Bal. *EH14*	56	AK25
Ravelrig Rd, Bal. *EH14*	46	AK22
Ravelston Ct *EH12*	23	AZ11
Ravelston Dykes *EH4*	23	AZ11
Ravelston Dykes *EH12*	23	AY11
Ravelston Dykes La *EH4*	23	AW11
Ravelston Dykes Rd *EH4*	23	AX10
Ravelston Gdn *EH4*	23	AY11
Ravelston Hts *EH4*	23	AY10
Ravelston Ho Gro *EH4*	23	AY10
Ravelston Ho Ln *EH4*	23	AY10
Ravelston Ho Pk *EH4*	23	AY10
Ravelston Ho Rd *EH4*	23	AY10
Ravelston Pk *EH4*	24	BA11
Ravelston Pl **6** *EH4*	24	BB11

Ravelston Ri *EH4*	23	AY11
Ravelston Ter *EH4*	24	BB10
Ravelsykes Rd, Pen. *EH26*	66	AY38
Ravendean Gdns, Pen. *EH26*	66	AY38
Ravenscroft Gdns *EH17*	53	BN22
Ravenscroft Pl *EH17*	53	BN22
Ravenscroft St *EH17*	53	BN22
Ravensheugh Cres, Muss. *EH21*	30	CC13
Ravensheugh Rd, Muss. *EH21*	30	CC13
Ravenswood Av *EH16*	42	BK18
Red Fox Cres, Pen. *EH26*	64	BC34
Redbraes Gro *EH7*	13	BF7
Redbraes Pl *EH7*	13	BF7
Redburn Rd, Pres. *EH32*	16	CG10
Redburn Rd N, Pres. *EH32*	16	CG10
Redcroft St, Dalk. *EH22*	43	BQ19
Redford Av *EH13*	49	AX21
Redford Bk *EH13*	49	AY21
Redford Barracks *EH13*	49	AY20
Redford Cres *EH13*	49	AY21
Redford Dr *EH13*	49	AX21
Redford Gdns *EH13*	49	AY21
Redford Gro *EH13*	49	AZ20
Redford Ln *EH13*	49	AX21
Redford Neuk *EH13*	49	AZ21
Redford Pl *EH13*	49	AZ20
Redford Rd *EH13*	50	BA21
Redford Ter *EH13*	49	AY21
Redford Wk *EH13*	49	AY21
Redgauntlet Ter *EH16*	42	BK18
Redhall Av *EH14*	39	AW17
Redhall Bk Rd *EH14*	39	AX18
Redhall Cres *EH14*	39	AW17
Redhall Dr *EH14*	39	AW17
Redhall Gdns *EH14*	39	AW17
Redhall Gro *EH14*	39	AW17
Redhall Ho Dr *EH14*	39	AY18
Redhall Pl *EH14*	39	AW17
Redhall Rd *EH14*	39	AW17
Redhall Vw *EH14*	39	AX18
Redheugh Ln **2**, Gore. *EH23*	68	BY34
Redheughs Av *EH12*	37	AQ15
Redheughs Rigg *EH12*	37	AQ14
Redwood Gro (Newt.), Dalk. *EH22*	62	BV30
Redwood Wk (Newt.), Dalk. *EH22*	63	BW30
Reed Dr (Newt.), Dalk. *EH22*	63	BX29
Reekie's Ct *EH8*	5	BG12
Regent Br **14** *EH1*	5	BF10
Regent Pl *EH7*	26	BJ10
Regent Rd *EH1*	5	BG10
Regent Rd *EH7*	5	BG10
Regent St *EH15*	27	BR11
Regent St La *EH15*	27	BR11
Regent Ter *EH7*	5	BG10
Regent Ter Ms *EH7*	5	BH10
Regent's Ct **5** *EH11*	24	BB13
Regis Ct *EH4*	21	AR7
Register Pl *EH2*	5	BF10
Reid Ter *EH3*	24	BC9
Reid's Cl *EH8*	5	BH11
Reid's Ct **11** *EH8*	5	BH11
Relugas Gdns *EH9*	41	BG16
Relugas Pl *EH9*	41	BG16
Relugas Rd *EH9*	41	BG16
Rennie's Isle *EH6*	13	BH5
Research Av N (Ricc.), Currie *EH14*	47	AN19
Research Av S (Ricc.), Currie *EH14*	47	AP19
Restalrig Av *EH7*	26	BL10
Restalrig Circ *EH7*	14	BL8
Restalrig Cres *EH7*	14	BL8
Restalrig Dr *EH7*	14	BL9
Restalrig Gdns *EH7*	14	BL9
Restalrig Pk *EH7*	14	BK8
Restalrig Rd *EH6*	14	BK7
Restalrig Rd *EH7*	14	BK8
Restalrig Rd S *EH7*	26	BL10
Restalrig Sq *EH7*	14	BL8
Restalrig Ter *EH6*	14	BJ7
Riccarton Av, Currie *EH14*	47	AP22
Riccarton Cres, Currie *EH14*	47	AQ22
Riccarton Dr, Currie *EH14*	47	AQ22
Riccarton Gro, Currie *EH14*	47	AQ22
Riccarton Mains Rd, Currie *EH14*	37	AP18
Richmond La *EH8*	5	BG12
Richmond Pl *EH8*	5	BG12
Richmond Ter *EH11*	4	BC12
Riding Pk *EH4*	21	AR7
Riego St *EH3*	4	BD12
Rigley Ter, Pres. *EH32*	32	CG11
Rillbank Cres *EH9*	41	BF14
Rillbank Ter *EH9*	41	BF14
Ringwood Pl *EH16*	42	BK19
Rintoul Pl *EH3*	24	BD9
Riselaw Cres *EH10*	50	BC20
Riselaw Pl *EH10*	40	BC19
Riselaw Rd *EH10*	40	BC19
Riselaw Ter *EH10*	40	BC19
Ritchie Pl *EH11*	40	BB14
River Gore Gro, Gore. *EH23*	68	BY35
River Gore Rd, Gore. *EH23*	68	BY35
River Gore Vw, Gore. *EH23*	68	BY35
Riversdale Cres *EH12*	23	AY13
Riversdale Gro *EH12*	23	AY12
Riversdale Rd *EH12*	23	AX12
Riverside **1** *EH4*	9	AR4
Riverside, Newbr. *EH28*	34	AB13
Riverside Gdns, Muss. *EH21*	29	BX14
Riverside Rd (Craig.), S Q'fry *EH30*	21	AN8
Roanshead Rd (Easth.), Dalk. *EH22*	55	BY27
Robb's Ln *EH14*	39	AY15
Robb's Ln Gro *EH14*	39	AY15
Robert Burns Dr *EH16*	42	BJ18
Robert Burns Ms **1**, Dalk. *EH22*	55	BZ24
Robert Smillie Av (Mayf.), Dalk. *EH22*	69	CA30
Robertson Av *EH11*	39	AZ14
Robertson Av, Pres. *EH32*	16	CJ9
Robertson Av, Tran. *EH33*	33	CM13
Robertson Bk, Gore. *EH23*	68	BZ36
Robertson Dr, Tran. *EH33*	33	CM12
Robertson's Cl *EH1*	5	BG12
Robertson's Cl, Dalk. *EH22*	55	BW24
Robertson's Ct **17** *EH8*	5	BH11
Rocheid Pk *EH4*	12	BB7
Rocheid Path *EH3*	24	BD8
Rochester Ter *EH10*	40	BC15
Rockville Ter, Bonny. *EH19*	53	BR27
Roddinglaw Rd *EH12*	36	AK15
Rodney Pl *EH7*	25	BE9
Rodney St *EH7*	25	BE8
Romero Pl *EH16*	41	BH14
Ronaldson's Wf *EH6*	13	BH6
Rope Wk, Pres. *EH32*	16	CG10
Rosabelle Rd, Ros. *EH25*	65	BH32
Rose Av, Bonny. *EH19*	62	BT29
Rose Cotts, Bonny. *EH19*	62	BT29
Rose Ct **7** *EH4*	10	AU7
Rose Gdns, Bonny. *EH19*	62	BT29
Rose Gro, Bonny. *EH19*	62	BT29
Rose La, S Q'fry *EH30*	6	AD2
Rose Neuk, Bonny. *EH19*	62	BT29
Rose Pk *EH5*	12	BD6
Rose Pk, Bonny. *EH19*	62	BT29
Rose Path, Bonny. *EH19*	62	BT29
Rose Pl, Bonny. *EH19*	62	BT29
Rose St *EH2*	4	BD11
Rose St N La *EH2*	4	BD11
Rose St S La *EH2*	4	BD11
Rose Ter, Bonny. *EH19*	62	BT29
Rose Way, Bonny. *EH19*	62	BT29
Rosebank Cotts *EH3*	4	BC12
Rosebank Gdns *EH5*	12	BC6
Rosebank Gro *EH5*	12	BC6
Rosebank Rd *EH5*	12	BC6
Rosebery Av, S Q'fry *EH30*	7	AE3
Rosebery Ct, S Q'fry *EH30*	7	AE3
Rosebery Cres *EH12*	24	BB12
Rosebery Cres, Gore. *EH23*	68	BY37
Rosebery Cres La *EH12*	24	BB12
Roseburn Av *EH12*	23	AZ12
Roseburn Cliff *EH12*	23	AZ12
Roseburn Cres *EH12*	23	AZ13
Roseburn Dr *EH12*	23	AZ12
Roseburn Gdns **2** *EH12*	23	AZ12
Roseburn Maltings *EH12*	24	BA12
Roseburn Pl *EH12*	23	AZ12
Roseburn St *EH12*	23	AZ13
Roseburn Ter *EH12*	23	AZ12
Rosefield Av *EH15*	27	BQ11
Rosefield Av La *EH15*	27	BQ11
Rosefield La *EH15*	27	BQ11
Rosefield Pl *EH15*	27	BQ11
Rosefield St *EH15*	27	BQ11
Rosemount Bldgs *EH3*	4	BC12
Roseneath Pl *EH9*	41	BE14
Roseneath St *EH9*	41	BF14
Roseneath Ter *EH9*	41	BF14
Rosevale Pl **5** *EH6*	14	BK7
Rosevale Ter *EH6*	14	BJ7
Roseville Gdns *EH5*	13	BE5
Rosewell Rd, Bonny. *EH19*	61	BP31
Ross Cres, Tran. *EH33*	33	CM14
Ross Gdns *EH9*	41	BG16
Ross Pl *EH9*	41	BH16
Ross Pl (Newt.), Dalk. *EH22*	63	BX29
Ross Rd *EH16*	41	BH17
Rossglen Ct, Ros. *EH25*	60	BJ32
Rosshill Ter (Dalm.), S Q'fry *EH30*	7	AF3
Rossie Pl *EH7*	25	BH9
Rosslyn Cres *EH6*	25	BG8
Rosslyn Ter *EH6*	25	BG8
Rothesay Ms *EH3*	24	BB11
Rothesay Pl *EH3*	24	BB11
Rothesay Pl, Muss. *EH21*	29	BZ14
Rothesay Ter *EH3*	24	BB11
Roull Gro *EH12*	38	AT14
Roull Pl *EH12*	38	AU14
Roull Rd *EH12*	38	AT14
Rowallan Ct **6** *EH12*	21	AQ12
Rowan Gdns, Bonny. *EH19*	61	BR29
Rowan Tree Av, Currie *EH14*	47	AN23
Rowan Tree Gro, Currie *EH14*	47	AN24
Rowanhill Cl (Port S.), Pres. *EH32*	17	CM8
Rowanhill Dr (Port S.), Pres. *EH32*	17	CM8

Name	Page	Grid
Rowanhill Pk (Port S.), Pres. *EH32*	17	CL8
Rowanhill Way (Port S.), Pres. *EH32*	17	CM8
Rowantree Rd (Mayf.), Dalk. *EH22*	69	CA28
Roxburgh Pl *EH8*	5	BG12
Roxburgh St *EH8*	5	BG12
Royal Circ *EH3*	4	BD10
Royal Ct, Pen. *EH26*	66	AZ36
Royal Cres *EH3*	25	BE9
Royal Elizabeth Yd, K'lis. *EH29*	7	AG6
Royal Pk Pl *EH8*	26	BK10
Royal Pk Ter *EH8*	26	BK10
Royal Ter *EH7*	5	BG10
Royal Ter Ms *EH7*	5	BH10
Royston Mains Av *EH5*	11	AZ5
Royston Mains Cl *EH5*	12	BA5
Royston Mains Cres *EH5*	11	AZ5
Royston Mains Gdns *EH5*	12	BA5
Royston Mains Grn *EH5*	12	BA5
Royston Mains Pl *EH5*	11	AZ5
Royston Mains Rd *EH5*	12	BA5
Royston Mains St *EH5*	11	AZ5
Royston Ter *EH3*	12	BD7
Rullion Grn Av, Pen. *EH26*	66	AZ36
Rullion Grn Cres, Pen. *EH26*	66	AZ36
Rullion Grn Gro, Pen. *EH26*	66	AZ36
Rullion Rd, Pen. *EH26*	66	AZ36
Ruskin Pl **5** (Mayf.), Dalk. *EH22*	69	CA30
Russell Gdns *EH12*	24	BA12
Russell Pl *EH5*	12	BD5
Russell Rd *EH11*	24	BA13
Russell Rd *EH12*	24	BA12
Rustic Cotts *EH13*	49	AX20
Rutherford Dr *EH16*	42	BK18
Rutland Ct **22** *EH3*	4	BD12
Rutland Ct La *EH3*	4	BD12
Rutland Pl **8** *EH1*	4	BD11
Rutland Sq *EH1*	4	BD11
Rutland St *EH1*	4	BD11
Ryehill Av *EH6*	14	BK7
Ryehill Gdns *EH6*	14	BK7
Ryehill Gro *EH6*	14	BK8
Ryehill Pl *EH6*	14	BK7
Ryehill Ter *EH6*	14	BK7

S

Name	Page	Grid
Saddletree Ln **1** *EH16*	42	BL17
St. Alban's Rd *EH9*	41	BG16
St. Andrew Pl *EH6*	14	BJ7
St. Andrew Sq *EH1*	5	BF10
St. Andrew Sq *EH2*	5	BF10
St. Andrew St, Dalk. *EH22*	55	BW24
St. Annes Ct, Dalk. *EH22*	63	BW30
St. Annes Path, Lass. *EH18*	61	BN29
St. Ann's Av, Lass. *EH18*	61	BN29
St. Anthony La *EH6*	13	BH6
St. Anthony Pl **14** *EH6*	13	BH6
St. Anthony St **15** *EH6*	13	BH6
St. Bernard's Cres *EH4*	4	BC10
St. Bernard's Row *EH4*	24	BD9
St. Catherine's Gdns *EH12*	23	AW13
St. Catherine's Pl *EH9*	41	BG14
St. Clair Av *EH6*	14	BJ8
St. Clair Cres, Ros. *EH25*	60	BJ32
St. Clair Pl *EH6*	14	BJ8
St. Clair Rd *EH6*	14	BJ8
St. Clair St *EH6*	14	BJ8
St. Clair Ter *EH10*	40	BB17
St. Clements Cres **1** (Wall.), Muss. *EH21*	31	CD15
St. Clements Gdns N (Wall.), Muss. *EH21*	31	CD15
St. Clements Gdns S (Wall.), Muss. *EH21*	31	CD15
St. Clements Ter (Wall.), Muss. *EH21*	31	CD15
St. Colme St *EH3*	4	BD11
St. Davids (Newt.), Dalk. *EH22*	63	BW30
St. David's Pl **9** *EH3*	4	BC12
St. David's Ter **10** *EH3*	4	BC12
St. Fillan's Ter *EH10*	40	BC17
St. Giles' St *EH1*	5	BF11
St. James Cen *EH1*	5	BF10
St. James' Pl *EH1*	5	BF10
St. James Sq *EH1*	5	BF10
St. James's Gdns, Pen. *EH26*	66	BA39
St. James's Vw, Pen. *EH26*	66	BA39
St. John St *EH8*	5	BG11
St. John's Av *EH12*	22	AU13
St. John's Cres *EH12*	22	AV13
St. John's Gdns *EH12*	22	AU13
St. John's Hill **9** *EH8*	5	BG12
St. John's Rd *EH12*	22	AT13
St. John's Ter *EH12*	22	AU13
St. Katharine's Brae *EH16*	42	BJ21
St. Katharine's Cres *EH16*	42	BJ21
St. Katharine's Ln *EH16*	52	BK22
St. Kentigern Rd, Pen. *EH26*	66	AZ37
St. Leonard's Bk *EH8*	5	BH13
St. Leonard's Crag **4** *EH8*	5	BH13
St. Leonard's Hill *EH8*	5	BG13
St. Leonard's La *EH8*	5	BH13
St. Leonard's St *EH8*	5	BG13
St. Margaret's Pl *EH9*	41	BE15
St. Margaret's Rd *EH9*	40	BD15
St. Mark's La *EH15*	27	BR11
St. Mark's Pl *EH15*	27	BR11
St. Mary's Pl *EH15*	28	BS12
St. Mary's Pl La *EH15*	28	BS11
St. Mary's St *EH1*	5	BG11
St. Michael's Av, Muss. *EH21*	29	BY14
St. Mungo's Vw, Pen. *EH26*	67	BB39
St. Ninian's Dr *EH12*	22	AT12
St. Ninian's Rd *EH12*	22	AT12
St. Ninian's Row **18** *EH8*	5	BF10
St. Ninian's Ter *EH10*	40	BB17
St. Ninians Way, Muss. *EH21*	30	CC13
St. Patrick Sq *EH8*	5	BG13
St. Patrick St **7** *EH8*	5	BG13
St. Peter's Bldgs *EH3*	4	BC13
St. Peter's Pl *EH3*	4	BC13
St. Ronan's Ter *EH10*	40	BC17
St. Stephen Pl *EH3*	24	BD9
St. Stephen St *EH3*	24	BD9
St. Teresa Pl *EH10*	40	BB15
St. Thomas Rd *EH9*	41	BF15
St. Vincent St *EH3*	25	BE9
Salamanca Cres, Pen. *EH26*	64	BC35
Salamander Pl *EH6*	14	BK6
Salamander St *EH6*	14	BL6
Salamander Yards *EH6*	14	BL7
Salisbury Pl *EH9*	41	BG14
Salisbury Rd *EH16*	41	BH14
Salisbury Vw (Mayf.), Dalk. *EH22*	63	BZ29
Salmond Pl *EH7*	6	BJ9
Salt Preston Pl **1**, Pres. *EH32*	16	CH10
Salter's Gro, Dalk. *EH22*	55	BY23
Salter's Rd, Dalk. *EH22*	45	BZ19
Salter's Rd (Wall.), Muss. *EH21*	30	CC16
Salter's Ter, Dalk. *EH22*	55	BY24
Salvesen Cres *EH4*	11	AW6
Salvesen Gdns *EH4*	11	AX5
Salvesen Gro *EH4*	11	AX5
Salvesen Ter *EH4*	11	AX5
Samoa Ter, Pen. *EH26*	64	BC35
Sand Port *EH6*	14	BJ5
Sanderson's Gro, Tran. *EH33*	33	CM12
Sanderson's Wynd, Tran. *EH33*	33	CM12
Sandford Gdns *EH15*	27	BQ11
Sandport Pl *EH6*	13	BH5
Sandport St *EH6*	13	BH5
Sauchiebank *EH11*	24	BA13
Saugh Cotts (Newt.), Dalk. *EH22*	63	BW31
Saughton Av *EH11*	39	AY15
Saughton Cres *EH12*	23	AX13
Saughton Gdns *EH12*	23	AX13
Saughton Gro *EH12*	23	AX13
Saughton Ln *EH12*	23	AX13
Saughton Mains Av *EH11*	38	AV15
Saughton Mains Bk *EH11*	38	AV15
Saughton Mains Dr *EH11*	38	AV15
Saughton Mains Gdns *EH11*	38	AV16
Saughton Mains Gro *EH11*	39	AW16
Saughton Mains Ln *EH11*	38	AV16
Saughton Mains Pk *EH11*	38	AV15
Saughton Mains Pl *EH11*	38	AV16
Saughton Mains St *EH11*	38	AV15
Saughton Mains Ter *EH11*	38	AV15
Saughton Pk *EH12*	23	AX13
Saughton Rd *EH11*	38	AV15
Saughton Rd N *EH12*	38	AU14
Saughtonhall Av *EH12*	23	AX13
Saughtonhall Av W *EH12*	23	AX13
Saughtonhall Circ *EH12*	23	AY13
Saughtonhall Cres *EH12*	23	AX13
Saughtonhall Dr *EH12*	23	AX12
Saughtonhall Gdns *EH12*	23	AY13
Saughtonhall Gro *EH12*	23	AY13
Saughtonhall Pl *EH12*	23	AX13
Saughtonhall Ter *EH12*	23	AY13
Saunders St *EH3*	4	BD10
Savile Pl *EH9*	41	BH16
Savile Ter *EH9*	41	BH16
Saxe Coburg St *EH3*	24	BD9
Saxe-Coburg Pl *EH3*	24	BD9
Saxe-Coburg Ter **12** *EH3*	24	BD9
Scarlett Pk (Wall.), Muss. *EH21*	30	CC14
Schaw Rd, Pres. *EH32*	16	CK10
School Brae *EH4*	9	AR5
School Brae, Lass. *EH18*	53	BQ26
School Grn, Lass. *EH18*	53	BQ26
School La (Cock.), Pres. *EH32*	17	CL7
School Wynd (Ratho), Newbr. *EH28*	35	AF17
Schoolyard Ct, Ros. *EH25*	60	BJ32
Sciennes *EH9*	41	BG14
Sciennes Gdns *EH9*	41	BG14
Sciennes Hill Pl *EH9*	41	BG14
Sciennes Ho Pl *EH9*	41	BG14
Sciennes Pl **9** *EH9*	41	BG14
Sciennes Rd *EH9*	41	BF14
Scollon Av, Bonny. *EH19*	54	BS27
Scone Gdns *EH8*	26	BL10
Scotland St *EH3*	25	BE9
Scotstoun Av, S Q'fry *EH30*	7	AE3
Scotstoun Grn, S Q'fry *EH30*	7	AE3

Scotstoun Gro **2**, S Q'fry EH30	7	AE3
Scotstoun Pk, S Q'fry EH30	7	AE4
Scott Rd, Pen. EH26	66	BA36
Scotway Cen, The, Dalk. EH22	44	BU19
Seacot **1** EH6	14	BL7
Seafield Av EH6	14	BL7
Seafield Ind Est EH15	15	BP9
Seafield Moor Rd EH10	59	BE26
Seafield Pl EH6	14	BL7
Seafield Rd EH6	14	BL7
Seafield Rd (Bils.), Ros. EH25	59	BF29
Seafield Rd E EH15	15	BN8
Seafield St EH6	14	BM7
Seafield Way EH15	15	BN8
Seaforth Dr EH4	23	AY9
Seaforth Ter EH4	23	AY9
Seaforth Ter, Bonny. EH19	61	BP29
Sealcarr St EH5	12	BA4
Seaport St **5** EH6	14	BJ6
Seaview Cres EH15	28	BT12
Seaview Ter EH15	28	BT12
Second Gait (Ricc.), Currie EH14	47	AN19
Second St (Newt.), Dalk. EH22	63	BX30
Semple St EH3	4	BD12
Seton Ct (Port S.), Pres. EH32	17	CN7
Seton Ct **8**, Tran. EH33	33	CL14
Seton Pl EH9	41	BG14
Seton Pl (Port S.), Pres. EH32	17	CM7
Seton Vw (Port S.), Pres. EH32	17	CN8
Seton Wynd (Port S.), Pres. EH32	17	CN7
Seventh St (Newt.), Dalk. EH22	63	BX30
Shadepark Cres, Dalk. EH22	55	BX23
Shadepark Dr, Dalk. EH22	55	BX23
Shadepark Gdns, Dalk. EH22	55	BX23
Shaftesbury Pk EH11	40	BA15
Shandon Cres EH11	40	BA15
Shandon Pl EH11	40	BA15
Shandon Rd EH11	40	BA15
Shandon St EH11	40	BA15
Shandon Ter EH11	40	BA15
Shandwick Pl EH2	4	BC12
Shanter Way EH16	42	BK18
Sharpdale Ln EH16	42	BJ17
Shaw Pl (Mayf.), Dalk. EH22	55	BZ27
Shaws Ct (Milt.Br), Pen. EH26	64	BC34
Shaw's Cres (Milt.Br), Pen. EH26	64	BC34
Shaw's Pl EH7	25	BG8
Shaw's Sq **7** EH1	25	BG9
Shaw's St EH7	25	BG8
Shaw's Ter EH7	25	BG8
Sheriff Bk EH6	13	BH6
Sheriff Brae EH6	13	BH6
Sheriff Pk EH6	13	BH6
Sherwood Av, Bonny. EH19	62	BS29
Sherwood Ct, Bonny. EH19	62	BS29
Sherwood Cres, Bonny. EH19	62	BS29
Sherwood Dr, Bonny. EH19	62	BS29
Sherwood Gro, Bonny. EH19	62	BS29
Sherwood Ind Est, Bonny. EH19	54	BS28
Sherwood Ln, Bonny. EH19	62	BS29
Sherwood Pk, Bonny. EH19	62	BS29
Sherwood Pl, Bonny. EH19	62	BS29
Sherwood Ter, Bonny. EH19	62	BS29
Sherwood Vw, Bonny. EH19	62	BS29
Sherwood Wk **1**, Bonny. EH19	62	BT29
Sherwood Way, Bonny. EH19	62	BS29
Shore EH6	14	BJ6
Shore Pl EH6	14	BJ6
Shore Rd, S Q'fry EH30	6	AD1
Shorthope St, Muss. EH21	29	BY13
Shrub Mt EH15	27	BQ10
Shrub Pl EH7	25	BG8
Shrub Pl La EH7	25	BG8
Sienna Gdns EH9	41	BG14
Sighthill Av EH11	38	AU17
Sighthill Bk EH11	38	AT17
Sighthill Ct EH11	38	AT17
Sighthill Cres EH11	38	AT18
Sighthill Dr EH11	38	AT18
Sighthill Gdns EH11	38	AT17
Sighthill Grn EH11	38	AT17
Sighthill Gro EH11	38	AU17
Sighthill Ind Est EH11	38	AS17
Sighthill Ln EH11	38	AT17
Sighthill Neuk EH11	38	AT17
Sighthill Pk EH11	38	AT17
Sighthill Pl EH11	38	AT17
Sighthill Ri EH11	38	AT18
Sighthill Rd EH11	38	AT18
Sighthill St EH11	38	AT18
Sighthill Ter EH11	38	AT17
Sighthill Vw EH11	38	AT17
Sighthill Wynd EH11	38	AT17
Silverburn Dr, Pen. EH26	66	AY37
Silverknowes Av EH4	10	AU7
Silverknowes Bk EH4	10	AV7
Silverknowes Brae EH4	10	AV7
Silverknowes Ct EH4	10	AV7
Silverknowes Cres EH4	10	AV6
Silverknowes Dell EH4	11	AW7
Silverknowes Dr EH4	10	AV7
Silverknowes Eastway EH4	10	AV7
Silverknowes Gdns EH4	10	AV6
Silverknowes Grn EH4	11	AW7
Silverknowes Gro EH4	10	AV6
Silverknowes Hill EH4	10	AV7
Silverknowes Ln EH4	10	AU7
Silverknowes Midway EH4	11	AW7
Silverknowes Neuk EH4	23	AW8
Silverknowes Parkway EH4	10	AV6
Silverknowes Pl EH4	10	AV7
Silverknowes Rd EH4	10	AV6
Silverknowes Rd E EH4	10	AV7
Silverknowes Rd S EH4	22	AV8
Silverknowes Southway EH4	11	AW7
Silverknowes Ter EH4	10	AU7
Silverknowes Vw EH4	11	AW7
Silvermills EH3	24	BD9
Simon Sq **4** EH8	5	BG12
Sinclair Cl **2** EH11	40	BA15
Sinclair Gdns EH11	40	BA14
Sinclair Pl EH11	39	AZ14
Sir Harry Lauder Rd EH15	27	BP10
Sir Walter Scott Pend **7**, Pres. EH32	16	CH9
Sir William Fraser Homes EH13	49	AW20
Sixth St (Newt.), Dalk. EH22	63	BW30
Skeltiemuir Av, Bonny. EH19	61	BQ30
Skeltiemuir Ct, Bonny. EH19	61	BQ30
Skeltiemuir Gro, Bonny. EH19	61	BR30
Slaeside, Bal. EH14	56	AL26
Slateford Grn EH14	39	AZ16
Slateford Rd EH11	39	AZ15
Slateford Rd EH14	39	AY17
Slateford Rd Br EH11	40	BA15
Slater's Steps **26** EH8	5	BH11
Sleigh Dr EH7	14	BL9
Sleigh Gdns EH7	14	BL9
Sloan St EH6	25	BH8
Smeaton Gro (Inv.), Muss. EH21	29	BZ15
Smithfield St EH11	39	AZ14
Smith's Land **5**, S Q'fry EH30	7	AE2
Smith's Pl EH6	13	BH7
Smithy Grn Av (Dand.), Dalk. EH22	43	BQ20
Society Rd, S Q'fry EH30	6	AB1
Solicitor's Bldgs **33** EH1	5	BF12
Somers Pk, Tran. EH33	33	CL14
Somerset Pl EH6	14	BJ7
Sommerville Gdns, S Q'fry EH30	7	AF4
Sour Howe EH13	50	BB22
South Barnton Av EH4	22	AU8
South Beechwood EH12	23	AW13
South Br EH1	5	BF11
South Br EH8	5	BF11
South Charlotte St EH2	4	BD11
South Clerk St EH8	5	BG13
South College St EH8	5	BF12
South Cres, Pres. EH32	16	CJ10
South Doors (Cock.), Pres. EH32	17	CL7
South E Circ Pl **13** EH3	4	BD10
South Elixa Pl EH8	26	BM11
South Ettrick Rd EH10	40	BB15
South Fort St EH6	13	BG6
South Gayfield La EH1	25	BG9
South Gillsland Rd EH10	40	BB15
South Gra Av, Pres. EH32	32	CG11
South Gray St EH9	41	BH15
South Gray's Cl EH1	5	BG11
South Groathill Av EH4	23	AY9
South Gyle Access EH12	38	AS15
South Gyle Bdy EH12	37	AR14
South Gyle Cres EH12	38	AS16
South Gyle Cres La EH12	37	AR15
South Gyle Gdns EH12	37	AR14
South Gyle Ind Est EH12	37	AR15
South Gyle Ln EH12	37	AR14
South Gyle Mains EH12	38	AS14
South Gyle Pk EH12	37	AR14
South Gyle Pk Business Est EH12	37	AR15
South Gyle Rd EH12	37	AR14
South Gyle Shop Cen EH12	37	AQ14
South Gyle Wynd EH12	38	AS18
South Lauder Rd EH9	41	BG15
South Laverockbank Av EH5	13	BE5
South Learmonth Av EH4	24	BB10

Name	Page	Grid
South Learmonth Gdns EH4	24	BB10
South Lorimer Pl (Cock.), Pres. EH32	17	CL8
South Lorne Pl EH6	25	BH8
South Maybury EH12	37	AQ13
South Meadow Wk EH9	4	BE13
South Mellis Pk EH8	27	BN11
South Morton St EH15	28	BS12
South Oswald Rd EH9	41	BE16
South Oxford St EH8	41	BH14
South Pk EH6	13	BF5
South Parrotshot EH15	27	BQ14
South St. Andrew St EH2	5	BF10
South St. David St EH2	5	BF10
South Scotstoun, S Q'fry EH30	7	AE4
South Seton Pk (Port S.), Pres. EH32	17	CL8
South Sloan St EH6	25	BH8
South Steil EH10	40	BA19
South St, Dalk. EH22	55	BW24
South St, Muss. EH21	29	BX13
South Trinity Rd EH5	12	BD6
South Vw 1, Pres. EH32	16	CJ10
Southbank 8 EH4	10	AU7
Southbank Ct 9 EH4	10	AU7
Southfield Bk EH15	27	BP13
Southfield Fm Gro EH15	27	BN12
Southfield Gdns E EH15	27	BP12
Southfield Gdns W EH15	27	BP13
Southfield Ln EH15	27	BP13
Southfield Pl EH15	27	BQ11
Southfield Rd E EH15	27	BP13
Southfield Rd W EH15	27	BN13
Southfield Sq EH15	27	BP13
Southfield Ter EH15	27	BP13
Southfield Vil 1 EH15	27	BQ12
Southhouse Av EH17	52	BK22
Southhouse Boundary EH17	52	BK22
Southhouse Bdy EH17	52	BK22
Southhouse Cres EH17	52	BK23
Southhouse Gdns EH17	52	BK23
Southhouse Gro EH17	52	BK23
Southhouse Ln EH17	52	BK22
Southhouse Medway EH17	52	BK22
Southhouse Path EH17	52	BK22
Southhouse Rd EH17	52	BJ22
Southhouse Sq 1 EH17	52	BK23
Southhouse Ter EH17	52	BK22
Southlawn Ct 10 EH4	10	AU7
Soutra Ct EH16	42	BK21
Spa Pl 7 EH15	27	BQ10
Spalding Cres, Dalk. EH22	55	BX24
Speedwell Av, Dalk. EH22	43	BQ19
Spence St EH16	41	BH14
Spencer Pl EH5	12	BD5
Spey St EH7	25	BG8
Spey St La EH7	25	BG8
Spey Ter EH7	25	BG8
Spier's Pl 16 EH6	13	BH6
Spinney, The EH17	42	BM21
Spittal St EH3	4	BD12
Spittal St La 21 EH3	4	BE12
Spittalfield Cres EH8	5	BG13
Spottiswoode Rd EH9	41	BE14
Spottiswoode St EH9	41	BE14
Spring Gdns EH8	26	BJ10
Springfield EH6	13	BH7
Springfield Bldgs 3 EH6	13	BH7
Springfield Cres, S Q'fry EH30	6	AB2
Springfield La EH6	13	BH7
Springfield Lea, S Q'fry EH30	6	AB2
Springfield Pl, Gore. EH23	68	BZ36
Springfield Pl, Ros. EH25	60	BJ31
Springfield Pl, S Q'fry EH30	6	AB2
Springfield Rd, S Q'fry EH30	6	AB2
Springfield St EH6	13	BH7
Springfield Ter, S Q'fry EH30	6	AB2
Springfield Vw, S Q'fry EH30	6	AB2
Springvalley Gdns EH10	40	BC16
Springvalley Ter EH10	40	BC16
Springwell Pl EH11	24	BB13
Springwood Pk EH16	42	BK19
Spruce Wk, Lnhd EH20	59	BG28
Spylaw Av EH13	48	AV20
Spylaw Bk Rd EH13	48	AV20
Spylaw Ho EH13	49	AW21
Spylaw Pk EH13	48	AV20
Spylaw Rd EH10	40	BB15
Spylaw St EH13	49	AW21
Square, The (Dand.), Dalk. EH22	43	BR19
Square, The (Newt.), Dalk. EH22	63	BX30
Square, The 1, K'lis. EH29	18	AD10
Square, The, Pen. EH26	67	BB39
Stable Cor, Pres. EH32	16	CH9
Stable La EH10	40	BC16
Stafford St EH3	4	BC11
Stair Pk EH12	23	AY12
Stair Pk, Tran. EH33	32	CK12
Standingstane Rd (Dalm.), S Q'fry EH30	7	AG5
Stanedykehead EH16	51	BH21
Stanhope Pl EH12	24	BA12
Stanhope St EH12	24	BA12
Stanley Av (Bils.), Ros. EH25	59	BG29
Stanley Pl EH7	26	BJ10
Stanley Rd EH6	13	BE5
Stanley St EH15	27	BQ12
Stanwell St EH6	13	BH7
Stapeley Av EH7	15	BN9
Starbank Rd EH5	13	BE5
Stark's Cotts 1 EH13	50	BA20
Station Brae EH15	27	BQ11
Station Ln, Bal. EH14	46	AL24
Station Rd EH12	22	AU13
Station Rd, Dalk. EH22	54	BU25
Station Rd (Newt.), Dalk. EH22	63	BW29
Station Rd, Gore. EH23	68	BY36
Station Rd, K'lis. EH29	18	AD9
Station Rd, Lnhd EH20	52	BL27
Station Rd, Muss. EH21	29	BX14
Station Rd (Ratho Sta), Newbr. EH28	35	AE13
Station Rd, Pres. EH32	32	CJ11
Station Rd, Ros. EH25	60	BJ31
Station Rd, S Q'fry EH30	7	AF3
Station Ter, K'lis. EH29	18	AD10
Stead's Pl EH6	13	BH7
Steele Av (Mayf.), Dalk. EH22	69	CB29
Steel's Pl EH10	40	BD16
Steil Gro, Tran. EH33	33	CM14
Steils, The EH10	40	BA18
Stenhouse Av EH11	39	AW14
Stenhouse Av W EH11	39	AW15
Stenhouse Cotts EH11	39	AW16
Stenhouse Cres EH11	39	AW15
Stenhouse Cross EH11	39	AW15
Stenhouse Dr EH11	39	AW15
Stenhouse Gdns EH11	39	AW15
Stenhouse Gdns N EH11	39	AW15
Stenhouse Gro EH11	39	AW15
Stenhouse Mill Cres EH11	39	AX16
Stenhouse Mill La EH11	39	AX16
Stenhouse Mill Wynd EH11	39	AX16
Stenhouse Pl E EH11	39	AW15
Stenhouse Pl W EH11	39	AW15
Stenhouse Rd EH11	39	AW16
Stenhouse St E EH11	39	AW15
Stenhouse St W EH11	38	AV15
Stenhouse Ter EH11	39	AW15
Stennis Gdns 1 EH17	42	BL20
Stevenlaw's Cl EH1	5	BF11
Stevenson Av EH11	39	AY14
Stevenson Dr EH11	39	AW15
Stevenson Gro EH11	39	AY14
Stevenson La (Newt.), Dalk. EH22	63	BX31
Stevenson Pl, Lass. EH18	60	BM29
Stevenson Rd EH11	39	AY14
Stevenson Rd, Pen. EH26	64	BC35
Stevenson Ter EH11	39	AY14
Stewart Av, Currie EH14	47	AN24
Stewart Clark Av, S Q'fry EH30	7	AE3
Stewart Cres, Currie EH14	47	AN23
Stewart Gdns, Currie EH14	47	AN23
Stewart Gro, Dalk. EH22	43	BQ19
Stewart Pl, Currie EH14	47	AN24
Stewart Pl, K'lis. EH29	18	AD9
Stewart Rd, Currie EH14	47	AN24
Stewart Ter EH11	39	AZ14
Stewart Ter, S Q'fry EH30	6	AD2
Stewartfield EH6	13	BF7
Stirling Rd EH5	12	BD5
Stobhill Rd (Newt.), Dalk. EH22	63	BX31
Stobhill Rd (Gowks.), Gore. EH23	63	BX32
Stone Av (Mayf.), Dalk. EH22	63	BZ29
Stone Cres (Mayf.), Dalk. EH22	63	BZ29
Stone Pl (Mayf.), Dalk. EH22	63	BZ30
Stoneybank Av, Muss. EH21	29	BW15
Stoneybank Ct, Muss. EH21	29	BW14
Stoneybank Cres, Muss. EH21	29	BX15
Stoneybank Dr, Muss. EH21	29	BW14
Stoneybank Gdns, Muss. EH21	29	BW14
Stoneybank Gdns N, Muss. EH21	29	BW14
Stoneybank Gdns S, Muss. EH21	29	BX15
Stoneybank Gro, Muss. EH21	29	BX15
Stoneybank Pl, Muss. EH21	29	BW14
Stoneybank Rd, Muss. EH21	29	BX15
Stoneybank Ter, Muss. EH21	29	BX15
Stoneycroft Rd, S Q'fry EH30	7	AE2
Stoneyflatts, S Q'fry EH30	6	AC2
Stoneyflatts Cres, S Q'fry EH30	6	AC2
Stoneyflatts Pk, S Q'fry EH30	6	AC3

Stoneyhill Av, Muss. *EH21*	29	BW14		Suttieslea Cres (Newt.), Dalk. *EH22*	63	BY29		Teviotdale Pl *EH3*	24	BD9	
Stoneyhill Ct, Muss. *EH21*	29	BW14		Suttieslea Dr (Newt.), Dalk. *EH22*	63	BY29		Third Gait (Ricc.), Currie *EH14*	47	AN19	
Stoneyhill Cres, Muss. *EH21*	29	BW14		Suttieslea Pl (Newt.), Dalk. *EH22*	63	BY29		Third St (Newt.), Dalk. *EH22*	63	BW31	
Stoneyhill Dr, Muss. *EH21*	29	BW14		Suttieslea Rd (Newt.), Dalk. *EH22*	63	BY29		Thirlestane La *EH9*	41	BE15	
Stoneyhill Fm Rd, Muss. *EH21*	29	BW14		Suttieslea Wk (Newt.), Dalk. *EH22*	63	BY29		Thirlestane Rd *EH9*	41	BE14	
Stoneyhill Gro, Muss. *EH21*	29	BW14		Swan Cres, Gore. *EH23*	68	BY34		Thistle Ct **15** *EH2*	4	BE10	
Stoneyhill Pl, Muss. *EH21*	29	BW14		Swan Rd, Tran. *EH33*	33	CL14		Thistle Pl *EH11*	4	BC13	
Stoneyhill Ri, Muss. *EH21*	29	BW14		Swan Spring Av *EH10*	50	BC20		Thistle St *EH2*	4	BE10	
Stoneyhill Rd, Muss. *EH21*	29	BW14		Swanfield *EH6*	13	BH6		Thistle St N E La *EH2*	4	BE10	
Stoneyhill Steading, Muss. *EH21*	29	BW14		Swanston Av *EH10*	50	BC22		Thistle St N W La *EH2*	4	BE10	
Stoneyhill Ter, Muss. *EH21*	29	BW14		Swanston Cres *EH10*	50	BC22		Thistle St S E La *EH2*	4	BE10	
Stoneyhill Wynd, Muss. *EH21*	29	BW14		Swanston Dr *EH10*	50	BD23		Thistle St S W La *EH2*	4	BE10	
Strachan Gdns *EH4*	23	AW9		Swanston Gdns *EH10*	50	BC22		Thomson Cres, Currie *EH14*	47	AR22	
Strachan Rd *EH4*	23	AX10		Swanston Grn *EH10*	50	BC22		Thomson Cres (Port S.), Pres. *EH32*	17	CM7	
Straiton Mains (Strait.), Lnhd *EH20*	52	BJ26		Swanston Gro *EH10*	50	BD22		Thomson Dr, Currie *EH14*	47	AR22	
Straiton Pk (Strait.), Lnhd *EH20*	52	BJ26		Swanston Ln *EH10*	50	BC22		Thomson Gro, Currie *EH14*	47	AR22	
Straiton Pk Caravan Site (Strait.), Lnhd *EH20*	59	BH26		Swanston Muir *EH10*	50	BA22		Thomson Rd, Currie *EH14*	47	AR22	
Straiton Pk Shop Cen (Strait.), Lnhd *EH20*	52	BJ26		Swanston Pk *EH10*	50	BC22		Thomson's Ct **35** *EH1*	4	BE12	
Straiton Pl *EH15*	27	BR10		Swanston Pl *EH10*	50	BC22		Thorburn Gro *EH13*	49	AY21	
Straiton Rd (Strait.), Lnhd *EH20*	52	BJ25		Swanston Rd *EH10*	50	BB22		Thorburn Rd *EH13*	49	AX20	
Strathalmond Ct *EH4*	21	AP8		Swanston Row *EH10*	50	BC22		Thorburn Ter, Pen. *EH26*	66	BA39	
Strathalmond Grn *EH4*	21	AP8		Swanston Ter *EH10*	50	BD22		Thorntree Cres, Pres. *EH32*	16	CK10	
Strathalmond Pk *EH4*	21	AP9		Swanston Vw *EH10*	50	BC22		Thorntree St *EH6*	14	BJ7	
Strathalmond Rd *EH4*	21	AP8		Swanston Way *EH10*	50	BC22		Thorntreeside *EH6*	14	BJ7	
Strathearn Pl *EH9*	40	BD15		Sycamore Av (Port S.), Pres. *EH32*	17	CM8		Thornville Ter *EH6*	14	BJ8	
Strathearn Rd *EH9*	41	BE15		Sycamore Gdns *EH12*	22	AT13		Thornybank, Dalk. *EH22*	55	BY23	
Strathesk Gro, Pen. *EH26*	67	BC37		Sycamore Path **1**, Lnhd *EH20*	59	BG28		Thornybank Ind Est, Dalk. *EH22*	55	BY23	
Strathesk Pl, Pen. *EH26*	67	BC37		Sycamore Rd (Mayf.), Dalk. *EH22*	69	CA29		Thornybauk *EH3*	4	BD12	
Strathesk Rd, Pen. *EH26*	67	BC37		Sycamore Ter *EH12*	22	AU13		Thornyhall, Dalk. *EH22*	55	BY23	
Strawberry Bk, Dalk. *EH22*	54	BU26		Sydney Pk *EH7*	15	BN9		Threipmuir Av, Bal. *EH14*	56	AL27	
Stuart Cres *EH12*	21	AR11		Sydney Pl *EH7*	15	BN9		Threipmuir Gdns, Bal. *EH14*	56	AL27	
Stuart Grn *EH12*	21	AR11		Sydney Ter *EH7*	15	BN9		Threipmuir Pl, Bal. *EH14*	56	AL27	
Stuart Pk *EH12*	21	AR11		Sylvan Pl *EH9*	41	BF14		Timber Bush *EH6*	14	BJ5	
Stuart Sq *EH12*	21	AR11		Syme Cres *EH10*	40	BA19		Timmins Ct (Ratho), Newbr. *EH28*	35	AF17	
Stuart Wynd *EH12*	21	AR11		Syme Pl **2** *EH10*	40	BA19		Tinto Pl *EH6*	13	BG7	
Succoth Av *EH12*	23	AZ11		Syme Rigg **4** *EH10*	40	BA19		Tipperlinn Rd *EH10*	40	BC15	
Succoth Ct *EH12*	23	AZ11						Toddshill Rd, K'lis. *EH29*	18	AC10	
Succoth Gdns *EH12*	23	AZ11		**T**				Tolbooth Wynd *EH6*	13	BH6	
Succoth Pk *EH12*	23	AY11						Torduff Rd *EH13*	49	AW23	
Succoth Pl *EH12*	23	AZ11		Tait Dr, Pen. *EH26*	67	BB38		Torphichen Pl *EH3*	4	BC12	
Suffolk Rd *EH16*	41	BH16		Tait St, Dalk. *EH22*	55	BW24		Torphichen St *EH3*	4	BC12	
Summer Pl *EH3*	25	BE8		Talisman Pl *EH16*	42	BK18		Torphin Bk *EH13*	48	AV22	
Summerbank *EH3*	25	BE9		Tanfield *EH3*	25	BE8		Torphin Rd *EH13*	48	AV22	
Summerfield Gdns *EH6*	14	BK7		Tantallon Pl *EH9*	41	BG14		Torrance Pk *EH4*	22	AS10	
Summerfield Pl *EH6*	14	BK7		Tarvit St *EH3*	4	BD13		Torsonce Rd, Dalk. *EH22*	54	BV25	
Summerhall **13** *EH9*	41	BG14		Tay St *EH11*	40	BB14		Toscana Ct, Dalk. *EH22*	43	BQ19	
Summerhall Cres **12** *EH9*	5	BG13		Taylor Gdns *EH6*	13	BH6		Toward Ct **5** *EH12*	21	AQ12	
Summerhall Pl **11** *EH9*	41	BG14		Taylor Pl *EH7*	26	BJ10		Tower Pl *EH6*	14	BJ5	
Summerhall Sq *EH9*	41	BG14		Taylor Pl, Dalk. *EH22*	55	BY25		Tower St *EH6*	14	BJ5	
Summerlee, Pres. *EH32*	16	CG10		Telfer Subway *EH11*	24	BB13		Tower St La *EH6*	14	BJ5	
Summerside Pl *EH6*	13	BF6		Telferton *EH7*	27	BP10		Townswomen's Guild Wk *EH13*	5	BF13	
Summerside St *EH6*	13	BF6		Telford Cotts, Pen. *EH26*	67	BB39		Trafalgar La *EH6*	13	BF6	
Summertrees Ct *EH16*	42	BK18		Telford Dr *EH4*	23	AZ8		Trafalgar St *EH6*	13	BG6	
Sunbury Ms *EH4*	24	BB11		Telford Gdns *EH4*	23	AZ8		Traprain Ter, Lnhd *EH20*	60	BL28	
Sunbury Pl *EH4*	24	BB11		Telford Pl *EH4*	23	AZ8		Traquair Pk E *EH12*	22	AV13	
Sunbury St *EH4*	24	BB11		Telford Rd *EH4*	23	AZ9		Traquair Pk W *EH12*	22	AU13	
Sunnybank *EH7*	26	BK10		Templar's Cramond *EH4*	21	AQ7		Trelawney Ter, Pen. *EH26*	64	BC35	
Sunnybank Pl *EH7*	26	BK10		Temple Pk Cres *EH11*	40	BB14		Trench Knowe *EH10*	50	BC22	
Sunnybank Ter **11** *EH7*	26	BK10		Templeland Gro *EH12*	22	AT12		Tressilian Gdns *EH16*	42	BK18	
Sunnyside *EH7*	14	BJ9		Templeland Rd *EH12*	22	AS12		Trinity Ct *EH5*	12	BD6	
Surrey Pl **8** *EH12*	24	BA12		Tennant St *EH6*	13	BH7		Trinity Cres *EH5*	12	BD6	
Sutherland St *EH12*	24	BA12		Tenth St (Newt.), Dalk. *EH22*	63	BX29		Trinity Gro *EH5*	12	BD5	
				Terrars Cft *EH8*	5	BH13		Trinity Mains *EH5*	12	BD6	
				Terregles, Pen. *EH26*	66	AZ37		Trinity Rd *EH5*	12	BD5	
				Teviot Gro, Pen. *EH26*	67	BB36		Trinity Way *EH5*	12	BD6	
				Teviot Pl *EH1*	5	BF12		Tron Sq **46** *EH1*	5	BF11	
				Teviot Pl *EH8*	5	BF12		Trotter Haugh *EH9*	41	BF16	

Street	Page	Grid
Tryst Pk EH10	50	BB22
Turner Av, Bal. EH14	46	AK24
Turner Pk, Bal. EH14	46	AL24
Turnhouse Fm Rd EH12	20	AL10
Turnhouse Rd EH12	20	AM11
Turret Gdns, Pres. EH32	32	CH11
Tyler's Acre Av EH12	38	AU14
Tyler's Acre Gdns EH12	38	AU14
Tyler's Acre Rd EH12	38	AU14
Tynecastle La EH11	40	BA14
Tynecastle Ter EH11	40	BA14
Tytler Gdns EH8	5	BH10

U

Street	Page	Grid
Ulster Cres EH8	26	BL11
Ulster Dr EH8	26	BL11
Ulster Gdns EH8	26	BM11
Ulster Gro EH8	26	BM12
Ulster Ter EH8	26	BM12
Union Pk, Bonny. EH19	61	BR29
Union Pl **8** EH1	5	BG10
Union St EH1	25	BF9
Upper Bow **26** EH1	5	BF11
Upper Broomieknowe, Lass. EH18	53	BQ27
Upper Coltbridge Ter EH12	23	AZ11
Upper Craigour EH17	43	BN19
Upper Craigour Way EH17	42	BM18
Upper Cramond Ct EH4	21	AR7
Upper Damside EH4	24	BB11
Upper Dean Ter EH4	4	BC10
Upper Gilmore Pl EH3	4	BD13
Upper Gilmore Ter EH3	4	BD13
Upper Gray St EH9	41	BG14
Upper Greenside La **13** EH1	5	BG10
Upper Gro Pl EH3	4	BC13
Upper Hermitage EH6	14	BJ7

V

Street	Page	Grid
Valleyfield Rd, Pen. EH26	67	BB39
Valleyfield St EH3	4	BD13
Valleyfield Vw, Pen. EH26	67	BB39
Vanburgh Pl EH6	14	BJ7
Vandeleur Av EH7	27	BN10
Vandeleur Gro EH7	27	BP10
Vandeleur Pl EH7	15	BN9
Vaucluse Pl, Pen. EH26	66	BA39
Veitch's Sq EH4	24	BD9
Vennel EH1	4	BE12
Vennel **3**, S Q'fry EH30	7	AE2
Ventnor Pl EH9	26	BJ15
Ventnor Ter EH9	41	BH15
Vernon Cotts **2** EH15	27	BR11
Vexhim Pk EH15	27	BR14
Victor Pk Ter EH12	22	AT12
Victoria Dock EH6	13	BH5
Victoria Gdns (Newt.), Dalk. EH6	62	BV29
Victoria Rd (Newt.), Dalk. EH22	62	BV29
Victoria St EH1	5	BF12
Victoria St, Rose. EH24	60	BM33
Victoria Ter **37** EH1	4	BE12
Victoria Ter, Muss. EH21	30	CA13
Viewbank Av, Bonny. EH19	54	BT27
Viewbank Cres **3**, Bonny. EH19	54	BS27
Viewbank Dr, Bonny. EH19	54	BS27
Viewbank Rd, Bonny. EH19	53	BR27
Viewbank Vw, Bonny. EH19	54	BS27
Viewcraig Gdns EH8	5	BG11
Viewcraig St EH8	5	BG11
Viewfield, Bonny. EH19	54	BT27
Viewfield Rd, Jun. Grn EH14	48	AU20
Viewforth EH10	40	BC14
Viewforth EH11	4	BC13
Viewforth (Port S.), Pres. EH32	17	CM7
Viewforth Bk, S Q'fry EH30	6	AD2
Viewforth Gdns EH10	40	BD14
Viewforth Gdns **18**, Tran. EH33	33	CL13
Viewforth Pl, S Q'fry EH30	6	AD3
Viewforth Rd, S Q'fry EH30	6	AD2
Viewforth Sq EH10	40	BC14
Viewforth Ter EH10	40	BC14
Viewforth Ter **17**, Tran. EH33	33	CL13
Viewpark Gdns, Bonny. EH19	53	BR27
Villa Rd, S Q'fry EH30	6	AD2
Violet Ter EH11	40	BA14
Vivian Ter EH4	22	AV8
Vogrie Cres S, Gore. EH23	68	BZ36
Vogrie Pl, Gore. EH23	68	BZ35
Vogrie Rd, Gore. EH23	68	BZ35
Vorlich Cres, Pen. EH26	67	BC36

W

Street	Page	Grid
Wadingburn La, Lass. EH18	53	BP26
Wadingburn Rd, Lass. EH18	53	BN27
Wakefield Av EH7	15	BP9
Walker Cres, Dalk. EH22	54	BT26
Walker Dr, S Q'fry EH30	6	AC2
Walker Pl, Lass. EH18	61	BN29
Walker St EH3	4	BC11
Walker Ter **17** EH11	4	BC12
Walkers Ct **1** EH14	38	AU18
Walkers Rigg EH14	38	AU18
Walkers Wynd EH14	38	AU18
Wallace Cres, Ros. EH25	60	BJ31
Wallace Pl **1**, Tran. EH33	33	CL12
Wallyford Ind Est (Wall.). Muss. EH21	31	CD15
Wallyford Ln Rd (Wall.). Muss. EH21	31	CD13
Wallyford Toll (Wall.). Muss. EH21	31	CE13
Walter Scott Av EH16	42	BK18
Wanless Ct, Muss. EH21	29	BZ13
Warden's Cl EH1	5	BF12
Wardie Av EH5	12	BC6
Wardie Cres EH5	12	BB5
Wardie Dell EH5	12	BC5
Wardie Gro EH5	12	BB5
Wardie Ho La EH5	12	BC4
Wardie Pk EH5	12	BC6
Wardie Rd EH5	12	BC6
Wardie Sq EH5	12	BC5
Wardie Steps EH5	12	BC5
Wardieburn Dr EH5	12	BB5
Wardieburn Pl E EH5	12	BB5
Wardieburn Pl N EH5	12	BB5
Wardieburn Pl S EH5	12	BB5
Wardieburn Pl W EH5	12	BA5
Wardieburn Rd EH5	12	BA5
Wardieburn St E EH5	12	BB5
Wardieburn St W EH5	12	BA5
Wardieburn Ter EH5	12	BA5
Wardiefield EH5	12	BB5
Wardlaw Pl EH11	40	BA14
Wardlaw St EH11	40	BA14
Wardlaw Ter EH11	40	BA14
Warrender Pk Cres EH9	40	BD14
Warrender Pk Rd EH9	41	BE14
Warrender Pk Ter EH9	41	BE14
Warriston Av EH3	13	BE7
Warriston Cres EH3	25	BE8
Warriston Dr EH3	12	BD7
Warriston Fm Rd, Currie EH14	46	AL21
Warriston Gdns EH3	12	BD7
Warriston Gro EH3	12	BD7
Warriston Pl EH3	25	BE8
Warriston Rd EH3	25	BE8
Warriston Rd EH7	13	BE6
Warriston Ter EH3	12	BD7
Washington La EH11	24	BB13
Washington St EH11	24	BB13
Water of Leith Walkway EH13	39	AW19
Water of Leith Walkway EH14	39	AW19
Water St EH6	14	BJ6
Waterfall Wk, Dalk. EH22	55	BX25
Waterloo Bk, Pen. EH26	67	BB39
Waterloo Pl EH1	5	BF10
Water's Cl **6** EH6	14	BJ6
Watertoun Rd EH9	41	BG16
Watson Cres EH11	40	BB14
Watson St, Pen. EH26	66	BA38
Watt Gro (Mayf.), Dalk. EH22	69	CA30
Watt Pk (Newt.), Dalk. EH22	63	BX31
Watt's Cl, Muss. EH21	29	BX13
Wauchope Av EH16	27	BN15
Wauchope Cres EH16	27	BN15
Wauchope Ho EH16	43	BP16
Wauchope Pl EH16	27	BN15
Wauchope Rd EH16	27	BP15
Wauchope Sq EH16	27	BP15
Wauchope Ter EH16	27	BP15
Waugh Path, Bonny. EH19	54	BT27
Waulkmill Dr, Pen. EH26	67	BB39
Waulkmill Ln, Currie EH14	47	AN24
Waulkmill Rd, Pen. EH26	67	BC38
Waulkmill Vw, Pen. EH26	67	BB38
Waverley Br EH1	5	BF11
Waverley Ct, Bonny. EH19	54	BS28
Waverley Cres, Bonny. EH19	54	BS28
Waverley Dr, Bonny. EH19	54	BS28
Waverley Pk, Bonny. EH19	26	BJ10
Waverley Pk, Bonny. EH19	54	BS28
Waverley Pk (Mayf.), Dalk. EH22	63	BZ29
Waverley Pk Ter EH8	26	BJ10
Waverley Pl EH7	26	BJ10
Waverley Rd, Bonny. EH19	54	BS28
Waverley Rd, Dalk. EH22	54	BV25
Waverley St EH2	5	BF11
Waverley St (Mayf.), Dalk. EH22	63	BZ30
Waverley Ter, Bonny. EH19	54	BS28
Waverley Ter (Mayf.), Dalk. EH22	63	BZ29
Weaver's Knowe Cres, Currie EH14	47	AP22
Websters Land **39** EH1	4	BE12
Wedderburn Cl (Inv.), Muss. EH21	29	BZ15
Wee Brae, Lass. EH18	53	BQ26
Weir Ct EH11	38	AT17
Weir Cres, Dalk. EH22	54	BU25
Well Ct **23** EH4	4	BC11
Well Wynd, Tran. EH33	33	CM13
Wellflats Rd, K'lis. EH29	18	AD10
Wellhead Cl, S Q'fry EH30	7	AF3
Wellington Pl EH6	14	BJ6

Wellington St *EH7*	25	BH9
Wemyss Gdns (Wall.), Muss. *EH21*	31	CE14
Wemyss Pl *EH3*	4	BD10
Wemyss Pl (Port S.), Pres. *EH32*	17	CL7
Wemyss Pl Ms *EH3*	4	BD10
Werberside Ms *EH4*	12	BA7
Wesley Cres, Bonny. *EH19*	54	BT28
West Adam St *EH8*	5	BG12
West Annandale St *EH7*	25	BF8
West App Rd *EH3*	4	BD12
West App Rd *EH11*	24	BB13
West Bow *EH1*	5	BF12
West Bowling Grn St *EH6*	13	BG6
West Brighton Cres *EH15*	27	BQ11
West Bryson Rd *EH11*	40	BB14
West Cairn Cres, Pen. *EH26*	66	BA37
West Caiystane Rd *EH10*	50	BC22
West Camus Rd *EH10*	50	BC21
West Carnethy Av *EH13*	49	AW22
West Castle Rd *EH10*	40	BC14
West Catherine Pl *EH12*	24	BA12
West Cherrybank *EH6*	13	BE5
West Coates *EH12*	24	BA12
West College St *EH8*	5	BF12
West Ct *EH4*	23	AY10
West Ct *EH16*	43	BN16
West Craigs Av *EH12*	37	AP13
West Craigs Cres *EH12*	21	AP12
West Craigs Ind Est *EH12*	21	AP12
West Cft (Ratho), Newbr. *EH28*	35	AG17
West Cromwell St **18** *EH6*	13	BH5
West Crosscauseway *EH8*	5	BG13
West End *EH2*	4	BD11
West End Pl *EH11*	24	BB13
West Ferryfield *EH5*	12	BB6
West Fountain Pl *EH11*	24	BB13
West Gorgie Pk *EH14*	39	AY15
West Gorgie Pl *EH14*	39	AY16
West Gra Gdns *EH9*	41	BF15
West Granton Access *EH5*	11	AZ5
West Granton Rd *EH5*	12	BA5
West Harbour (Cock.), Pres. *EH32*	16	CK7
West Harbour Rd *EH5*	12	BA4
West Harbour Rd (Cock.), Pres. *EH32*	16	CK7
West Holmes Gdns, Muss. *EH21*	29	BX13
West Ln, Pres. *EH32*	16	CH10
West Ln Ct **2**, Pres. *EH32*	32	CH11
West Lorimer Pl (Cock.), Pres. *EH32*	16	CK7
West Mains Rd *EH9*	41	BG17
West Maitland St *EH12*	4	BC12
West Mayfield *EH9*	41	BH15
West Mill Ct **4**, Lass. *EH18*	53	BQ26
West Mill La *EH4*	4	BC11
West Mill Rd *EH13*	48	AV21
West Montgomery Pl *EH7*	25	BG9
West Newington Pl *EH9*	41	BG14
West Nicolson St *EH8*	5	BG12
West Norton Pl *EH7*	5	BH10
West One Business Pk *EH11*	37	AR17
West Pk Pl *EH11*	24	BB13
West Pier *EH5*	12	BA4
West Pilton Av *EH4*	11	AY7
West Pilton Bk *EH4*	11	AX6
West Pilton Cres *EH4*	11	AX6
West Pilton Crossway *EH4*	11	AY6
West Pilton Dr *EH4*	11	AY6
West Pilton Gdns *EH4*	11	AY6
West Pilton Grn *EH4*	11	AY6
West Pilton Gro *EH4*	11	AY7
West Pilton Lea *EH4*	11	AY6
West Pilton Ln *EH4*	11	AY6
West Pilton March *EH4*	11	AZ5
West Pilton Pk *EH4*	11	AY6
West Pilton Pl *EH4*	11	AZ6
West Pilton Ri *EH4*	11	AY6
West Pilton Rd *EH4*	11	AZ6
West Pilton St *EH4*	11	AY6
West Pilton Ter *EH4*	11	AY6
West Pilton Vw *EH4*	11	AY7
West Port *EH1*	4	BE12
West Port *EH3*	4	BE12
West Powburn *EH9*	41	BG16
West Preston St *EH8*	41	BG14
West Register St *EH2*	5	BF10
West Register St La **19** *EH2*	5	BF10
West Relugas Rd *EH9*	41	BF16
West Richmond St *EH8*	5	BG12
West Savile Gdns *EH9*	41	BG16
West Savile Rd *EH16*	41	BH16
West Savile Ter *EH9*	41	BG16
West Scotland St La *EH3*	25	BE9
West Seaside, Pres. *EH32*	16	CG10
West Shore Rd *EH5*	11	AX5
West Shore Rd Trd Est *EH5*	11	AY4
West Silvermills La *EH3*	24	BD9
West Stanhope Pl **7** *EH12*	24	BA12
West St, Pen. *EH26*	66	BA39
West Telferton *EH7*	27	BP10
West Ter **3**, S Q'fry *EH30*	6	AD2
West Tollcross *EH3*	4	BD13
West Werberside *EH4*	12	BA7
West Windygoul Gdns, Tran. *EH33*	32	CK15
West Winnelstrae *EH5*	12	BB7
West Wds *EH4*	24	BA8
Westbank **11** *EH4*	10	AU7
Westbank Ln **1** *EH15*	27	BQ10
Westbank Pl *EH15*	27	BQ10
Westbank St *EH15*	27	BQ10
Westburn Av *EH14*	38	AS19
Westburn Gro *EH14*	38	AS19
Westburn Middlefield *EH14*	38	AS19
Westburn Pk *EH14*	38	AT19
Wester Auchendinny Br, Pen. *EH26*	65	BE35
Wester Broom Av *EH12*	38	AS14
Wester Broom Dr *EH12*	38	AS14
Wester Broom Gdns *EH12*	38	AS14
Wester Broom Gro *EH12*	38	AS14
Wester Broom Pl *EH12*	38	AS14
Wester Broom Ter *EH12*	38	AS14
Wester Cl **5** *EH6*	13	BF4
Wester Coates Av *EH12*	24	BA12
Wester Coates Gdns *EH12*	24	BA12
Wester Coates Pl *EH12*	24	BA11
Wester Coates Rd *EH12*	24	BA12
Wester Coates Ter *EH12*	24	BA12
Wester Drylaw Av *EH4*	23	AX8
Wester Drylaw Dr *EH4*	23	AX8
Wester Drylaw Pk *EH4*	23	AY8
Wester Drylaw Pl *EH4*	23	AX8
Wester Drylaw Row *EH4*	23	AY9
Wester Hailes Pk *EH14*	38	AU19
Wester Hailes Rd *EH11*	38	AS18
Wester Hailes Rd *EH14*	38	AS18
Wester Hailes Rd, Jun. Grn *EH14*	48	AU20
Wester Hill *EH10*	40	BA19
Wester Millerhill, Dalk. *EH22*	44	BU20
Wester Row, Currie *EH14*	37	AN18
Wester Steil *EH10*	40	BA18
Western Cor **1** *EH12*	23	AX12
Western Gdns *EH12*	23	AY12
Western Harbour *EH6*	13	BG4
Western Pl *EH12*	23	AY12
Western Ter *EH12*	23	AY12
Westfield Av *EH11*	39	AY14
Westfield Bk, Dalk. *EH22*	54	BU26
Westfield Ct *EH11*	39	AY14
Westfield Ct **2**, Dalk. *EH22*	54	BU26
Westfield Dr **3**, Dalk. *EH22*	54	BU26
Westfield Gro, Dalk. *EH22*	54	BU26
Westfield Pk, Dalk. *EH22*	54	BU26
Westfield Rd *EH11*	39	AZ14
Westfield St *EH11*	39	AZ14
Westgarth Av *EH13*	49	AX21
Westhall Gdns *EH10*	40	BD14
Westhouses Av (Mayf.), Dalk. *EH22*	69	CA30
Westhouses Dr **3** (Mayf.), Dalk. *EH22*	69	CA30
Westhouses Rd (Mayf.), Dalk. *EH22*	69	CA30
Westhouses St **2** (Mayf.), Dalk. *EH22*	69	CA30
Westland Cotts *EH17*	53	BN22
Westmill Rd, Lass. *EH18*	53	BQ27
Westmill Wynd, Lass. *EH18*	53	BQ27
Westside Plaza Shop Cen *EH14*	38	AT19
Wheatfield Gro, Lnhd *EH20*	52	BJ27
Wheatfield Ln, Lnhd *EH20*	52	BK26
Wheatfield Pl *EH11*	39	AZ14
Wheatfield Rd *EH11*	39	AZ14
Wheatfield St *EH11*	40	BA14
Wheatfield Ter **1** *EH11*	39	AZ14
Wheatfield Wk, Lnhd *EH20*	52	BJ27
Wheatsheaf La, Dalk. *EH22*	55	BW23
Whin Pk (Cock.), Pres. *EH32*	16	CK8
Whin Pk Ind Est, Pres. *EH32*	16	CK8
Whins Pl **16** *EH15*	27	BQ11
White Dales *EH10*	51	BE22
White Hart St **7**, Dalk. *EH22*	55	BW24
White Horse Cl *EH8*	5	BH11
White Pk *EH11*	40	BA14
Whitehall Ct *EH4*	23	AX9
Whitehead Gro, S Q'fry *EH30*	7	AE3
Whitehill Av, Muss. *EH21*	29	BW14
Whitehill Dr, Dalk. *EH22*	55	BZ25
Whitehill Fm Rd, Muss. *EH21*	29	BW15
Whitehill Gdns, Muss. *EH21*	29	BW15
Whitehill Gro, Dalk. *EH22*	55	BZ25
Whitehill Rd *EH15*	28	BS15
Whitehill Rd, Dalk. *EH22*	28	BS16
Whitehill Rd (Newcr.), Muss. *EH21*	28	BT16
Whitehill St (Newcr.), Muss. *EH21*	28	BT15
Whitehouse Ln *EH9*	40	BD14
Whitehouse Rd *EH4*	21	AQ8
Whitehouse Ter *EH9*	41	BE15
Whitelea Cres, Bal. *EH14*	56	AL27
Whitelea Rd, Bal. *EH14*	56	AL27
White's Cl, Dalk. *EH22*	55	BW24

Street	Page	Grid
Whitholm (Whitehill), Dalk. EH22	69	CA26
Whitingford EH6	13	BF6
Whitson Cres EH11	39	AX14
Whitson Gro EH11	39	AX14
Whitson Pl E EH11	39	AX14
Whitson Pl W EH11	39	AX14
Whitson Rd EH11	39	AX14
Whitson Ter EH11	39	AX14
Whitson Wk EH11	39	AW14
Whitson Way EH11	39	AX14
Whyte Pl EH7	26	BJ10
Wilfrid Ter 5 EH8	26	BL10
Wilkieston Rd (Ratho), Newbr. EH28	35	AE17
William Black Pl, S Q'fry EH30	7	AE3
William Jameson Pl 17 EH15	27	BQ10
William St EH3	4	BC11
William St La N E EH3	4	BC11
William St La N W EH3	4	BC11
William St La S E EH3	4	BC11
William St La S W EH3	4	BC12
Williamfield Sq 3 EH15	27	BQ11
Willow Av, Bonny. EH19	61	BR29
Willow Path 2, Lnhd EH20	59	BH28
Willow Rd (Mayf.), Dalk. EH22	69	CA29
Willow Tree Pl, Bal. EH14	46	AM24
Willowbank Row EH6	13	BF5
Willowbrae Av EH8	26	BL11
Willowbrae Gdns EH8	26	BM11
Willowbrae Rd EH8	26	BL11
Wilson Av, Dalk. EH22	55	BY24
Wilson Av, Pres. EH32	16	CH10
Wilson Rd, Gore. EH23	68	BZ34
Wilson St, Pen. EH26	66	BA38
Wilson Wk 12, Tran. EH33	33	CL14
Wilson's Ct 24 EH8	5	BG11
Wilson's Pk EH15	27	BR10
Wilton Rd EH16	41	BH17
Windmill La EH8	5	BF13
Windmill Pl 12 EH8	5	BG13
Windmill St EH8	5	BF13
Windsor Cres, Pen. EH26	67	BC37
Windsor Dr, Pen. EH26	67	BC38
Windsor Gdns, Muss. EH21	30	CA13
Windsor Pk, Muss. EH21	30	CB13
Windsor Pk Dr, Muss. EH21	30	CB13
Windsor Pk Pl, Muss. EH21	30	CB13
Windsor Pk Ter, Muss. EH21	30	CA13
Windsor Pl EH15	27	BR11
Windsor Rd, Pen. EH26	67	BC37
Windsor Sq, Pen. EH26	67	BC37
Windsor St EH7	25	BG9
Windsor St La EH7	25	BG9
Windsor Ter, Pen. EH26	67	BC37
Windy Wynd, Muss. EH21	29	BZ15
Windygoul Cres, Tran. EH33	33	CM14
Winton Cl, Tran. EH33	33	CN15
Winton Ct 1 (Cock.), Pres. EH32	17	CL7
Winton Ct, Tran. EH33	33	CN15
Winton Dr EH10	50	BD23
Winton Gdns EH10	51	BE23
Winton Gro EH10	50	BD22
Winton Gro, Tran. EH33	33	CN15
Winton Ln EH10	51	BE23
Winton Pk EH10	50	BD23
Winton Pk (Cock.), Pres. EH32	17	CL8
Winton Pl, Tran. EH33	33	CM13
Winton Ter EH10	50	BD23
Winton Way, Tran. EH33	33	CM15
Wishart Av, Bonny. EH19	54	BT27
Wishart Pl, Dalk. EH22	54	BU25
Wishaw Ter EH7	26	BK10
Wisp, The EH16	43	BR16
Wisp Grn EH15	27	BR15
Wolrige Rd EH16	42	BJ19
Wolseley Cres EH8	26	BL10
Wolseley Gdns 8 EH8	26	BL10
Wolseley Pl 9 EH8	26	BL10
Wolseley Ter 6 EH8	26	BL10
Wolsey Av, Bonny. EH19	62	BS29
Woodbine Gdns 5, Pres. EH32	16	CH10
Woodbine Ter EH6	14	BJ8
Woodburn Av, Dalk. EH22	55	BY24
Woodburn Bk, Dalk. EH22	55	BY24
Woodburn Dr, Dalk. EH22	55	BX24
Woodburn Gdns, Dalk. EH22	55	BY24
Woodburn Gro, Dalk. EH22	55	BY25
Woodburn Ln, Dalk. EH22	55	BY24
Woodburn Medway, Dalk. EH22	55	BY25
Woodburn Pk, Dalk. EH22	55	BY24
Woodburn Pl EH10	40	BD16
Woodburn Pl, Dalk. EH22	55	BY25
Woodburn Rd, Dalk. EH22	55	BX24
Woodburn St, Dalk. EH22	55	BY24
Woodburn Ter EH10	40	BD16
Woodburn Ter, Dalk. EH22	55	BZ25
Woodburn Vw, Dalk. EH22	55	BZ25
Woodend Pk, Ros. EH25	65	BH32
Woodfield Av EH13	48	AV21
Woodfield Pk EH13	48	AV21
Woodfield Pk (Bils.), Ros. EH25	59	BF29
Woodhall Av, Jun. Grn EH14	48	AT21
Woodhall Bk EH13	48	AV22
Woodhall Dr, Jun. Grn EH14	48	AT21
Woodhall Gro EH13	48	AV22
Woodhall Millbrae, Jun. Grn EH14	48	AU21
Woodhall Rd EH13	49	AW21
Woodhall Ter, Jun. Grn EH14	48	AT21
Woodlands Gro EH15	27	BN12
Woodrow, Gore. EH23	68	BY34
Woods Ct 7, Bonny. EH19	61	BR28
Woodside Dr, Pen. EH26	67	BB38
Woodside Gdns, Muss. EH21	30	CA13
Woodside Ter EH15	28	BT12
Woodstock Pl EH16	42	BK18
Woodville Ter EH6	14	BJ8
Woolmet Cres (Dand.), Dalk. EH22	43	BR19
Wright's Hos EH10	40	BD14
Wyvern Pk EH9	41	BF15
Wyvis Pk, Pen. EH26	67	BC36

Y

Street	Page	Grid
Yardheads EH6	13	BH6
Yarrow Ct, Pen. EH26	67	BC36
Yeaman La EH11	24	BB13
Yeaman Pl EH11	24	BB13
Yewlands Cres EH16	42	BK20
Yewlands Gdns EH16	42	BK20
York La EH1	5	BF10
York Pl EH1	5	BF10
York Rd EH5	13	BE5
Young Av, Tran. EH33	33	CM14
Young St EH2	4	BD11
Young St La N EH2	4	BD11
Young St La S EH2	4	BD11

Z

Street	Page	Grid
Zetland Pl EH5	12	BD5